KB209059

달마가 그 달마가 아니라고?

밑져도 본전인 인생을 위한
달마가 그 달마가 아니라고?

약여 이인환

출판
이안

밑져도 본전인 행복한 인생을 위한
달마가 그 달마가 아니라고?

초판 인쇄 2022년 8월 27일
초판 발행 2022년 8월 30일

지은이 이인환

펴낸곳 출판이안
펴낸이/ 이인환
등 록/ 2010년 제2010-4호
편 집/ 이도경 이정민
주 소/ 경기도 이천시 호법면 단천리 414-6
전 화/ 010-2538-8468
인 쇄/ (주)아르텔
이메일/ yakyeo@hanmail.net

ISBN : 979-11-85772-98-1(03220)
가격 16,000원

아는 만큼 전하고
가진 만큼 베풀자는 원력으로!

지심귀명례 삼계도사 사생자부 시아본사 석가모니불
지심귀명례 시방삼세 제망찰해 상주일체 불타야중
지심귀명례 시방삼세 제망찰해 상주일체 달마야중
지심귀명례 대지문수사리보살 대행보현보살 대비관세음보살
대원본존 지장보살마하살
....

대학 졸업을 앞두고 교수님의 부탁에 따라 법문 녹취를
시작하면서 처음으로 부처님 말씀을 듣기 시작했다. 처음
에는 무슨 뜻인 줄도 모르고 오로지 녹취만을 위해 법문을
듣다가 출판사에 취직까지 시켜준 교수님 덕분에 체계적으
로 불교 관련 서적을 접했고, 그렇게 자연스럽게 불법에 귀
의하게 되었다.

어느덧 30년이 되었다. 그동안 예불시간에 수없이 칠정례를 하면서 '달마야중'을 달마대사로 받아들이고 있었다. 대승불교에서는 4대 보살보다 달마대사를 더 높이 모시는 줄 알았다. 그런데 인생 후반전을 의미있게 보내려고 포교사 공부를 하면서 유튜브로 법문을 듣는데 나와 똑같은 생각을 한 사람의 질문을 통해 '달마야중'의 달마가 그 달마가 아니라는 것을 알게 되었다.

"스님, 칠정례에서 달마대사가 보살님들보다 먼저 나오는데 그 이유가 무엇인가요?"
"여기에서 달마는 그 달마대사가 아니라 다르마(Dharma)라고, 부처님의 가르침을 뜻하는 말입니다. 불법승할 때 법을 뜻하는 것이죠."

그 순간 확 깨었다. 왜 이 단순한 것조차 모르고 있으면서 질문할 생각조차 하지 못했을까? 그 후에 많은 이들과 '달마야중'에 대한 이야기를 나누면서 많은 이들이 나처럼 잘못 알고 있다는 것을 확인했다. 독자들 중에도 처음으로 이 사실을 알게 되는 분들도 있을 것이다.

이 책은 여기부터 출발이다. 내가 발심하기 전까지 그러했듯이 용어 해석의 어려움으로 쉽게 발심하지 못하는 이들에게 조금이라도 도움을 주고 싶었다. 아직도 사회적인 편견으로 불교가 부처님을 믿는 종교라고 생각하는 사람들, 죽어보지 않아서 극락이나 지옥이 있다는 것을 믿지 못하겠다는 사람들에게 그것만이 전부가 아니라는 것을 알려주고 싶었다. 곁가지로 배운 배경지식으로 경전을 읽고 받아들이는 사람들, 무슨 뜻인 줄도 모르고 법회 때마다 『천수경』을 외우고, 육바라밀을 행이 아닌 이론으로만 익힌 사람들, 공(空)을 '텅 빈 것'으로만 해석하면서 색불이공 공불이색을 말하는 사람들에게 그것만이 전부가 아니라는 것을 알려주고 싶었다. 달마야중처럼 잘못 이해되고 있는 것들에 대해 알고 있는 만큼 알려주고 싶었다.

아직도 부족함이 많은 줄 안다. 심지어 일반포교사 연수 과정에서 재차 큰 충격을 받지 않았던가? 법사님이 칠판에 법문이라는 글자를 한자로 써놓고 앞으로 포교사가 해야 할 법문의 뜻으로 맞는 것에 손을 들어보라는 4지선다형 문제를 냈다.

다음 중 법문의 한자로 맞는 것은?
法 ① 文 ② 門 ③ 聞 ④ 問

헉, 가슴이 막혔다. 독자님들도 생각해 보자. 몇 번이 답일까? 내 기억으로는 그때 절대 다수의 포교사 지원생들이 오답인 ③번에 손을 들었다. 나는 부끄럽지만 정확한 답을 몰라 핸드폰으로 검색을 해봤다.

"법문은 중생에게 깨달음에 이르는 문을 알려준다는 뜻입니다. 그 문에 들어가느냐 마느냐의 선택은 당사자의 몫이지 부처님의 몫이 아니기 때문입니다. 이제 여러분도 그런 역할을 하기 위해 법문을 설할 기회가 생길 것입니다."

검색어 '法門'과 함께 법사님의 말씀이 귀에 윙윙거렸다. 이렇게 기초적인 것도 모르면서 어떻게 해야 하나? 거의 초고 완성단계에 이른 원고를 놓고 고민할 수밖에 없었다. 내 지식이 이런데 누구에게 내보일 자격이 있는가?

방황하던 중에 심기일전으로 일반포교사가 되고자 원력을 세웠던 초발심을 떠올려보았다. 나는 왜 포교사가 되려고 했던가? 그러고 보니 그때도 '내가 과연 자격이 있을까?'라는 고민을 했다. 그때 마침 흔들리는 마음에 용기를 주는 법문을 들었다.

"아는 만큼 전하고 가진 만큼 베풀자."

이왕이면 원력을 크게 세우고 수행해야 한다는 말씀이

어느덧 오십대 중반을 넘도록 큰 원력 한번 세우지 못한 인생에 울림을 주었다. 그때부터 매일 아침 새벽예불에 참석하면서 나름대로 원력을 세우려고 노력했다. 내가 조금이나마 세상에 보탬을 줄 수 있는 일이 무엇인지 찾기 시작했다. 그동안 전문강사로 활동하면서 틈틈이 써놓았던 글들을 정리하기 시작했다. 그런 과정에서 강사로서의 경험을 살릴 수 있으니 좋겠다 싶어서 일반포교사 과정을 선택했다. 그렇게 포교사 공부를 하면서 교학상장의 의미를 새기며 시간이 날 때마다 틈틈이 그동안 배워서 알고 있는 불교에 대한 기본상식을 정리하기 시작했다. 가급적 불교에 관심을 갖고 있거나 이제 막 입문한 이들의 눈높이에 맞춰 쉽게 쓰려고 노력했다.

이제 다시 '아는 만큼 전하고 가진 만큼 베풀자'는 원력을 챙겨본다. 끝까지 용기를 내서 독자님들 앞에 내놓는 것은 포교사가 되겠다며 세웠던 원력 덕분이다. 그 원력이 있었기에 아직도 '달마야중'의 달마를 달마대사로 알고 있는 이들이 많다는 것을 알았고, 심지어 포교사 과정을 밟는 이들 중에도 '법문'의 정확한 뜻을 모르는 이들이 많다는 것을 알게 되었다. 이제 독자들이 이 책을 통해 달마야중의 달마가 달마대사가 아니라는 것을 알고, 법문이 '법을 들려주는 것'이 아니라 '법의 문'까지 이르도록 안내하는 '法門'이라는 것을 알게 된다면 그것으로도 충분한 가치가 있다는 생각으로 위안을 삼아본다.

모쪼록 인연있는 누군가에게 조금이라도 보탬이 되었으면 하는 바람이다. 지금보다 나은 삶을 살기 위해 마음공부에 들어선 이들에게 조금이라도 도움이 되었으면 하는 마음을 담아 본다. 삼십대 초반에 불법에 전혀 관심이 없던 내가 교수님을 만나 그래왔듯 누군가도 이 책을 만나 불법과 소중한 인연이 맺어지기를 간절히 기원해 본다.

아는 만큼 전하고
가진 만큼 베풀자

약여 이인환

• CONTENTS

Prologue • 5

part1.
철학적 사고로 챙기는 발심생활

모르고 짓는 죄를 두려워하자 • 16

다 내가 선택한 것임을 알자 • 22

안다고 아는 것이 아님을 알자 • 32

밀져도 본전인 인생을 선택하라 • 46

항상 공부의 본래 목적을 챙겨라 • 61

발등에 불 떨어진 듯이 실천하라 • 76

지금 당장 행복한 일을 하라 • 98

part2.

기초경전으로 다져가는 발심생활

· 천수경 훑어보기 · 118

　귀의 기도 · 119

　발원 기도 · 130

　참회 기도 · 139

　　살생업, 단호하게 자르고 끊고 찌르고 · 140

　　투도업, 의심하고 의심하고 · 152

　　사음업, 꼬이고 뒤틀려서 · 158

　　망어업, 지극히 이기적이거나 소심하거나 · 164

　　기어업, 에~, 저~, 그~, 어쩌고 저쩌고 · 169

　　양설업, 바쁘다 바빠 안 하려고 했는데 · 173

　　악구업, 모르고 하면 다 최고의 욕 · 180

　　탐애업, ~을 해야겠다고? · 188

　　진에업, ~이 안 된다고? · 192

　　치암업, 잘 된다는 마음 · 197

· 육바라밀 훑어보기 · 204

　행복을 위해 꼭 실천해야 할 것들 · 205

　보시바라밀, 잘 주고 잘 받아야 · 212

　지계바라밀, 새로운 것을 얻으려면 · 228

　인욕바라밀, 고난이 가장 빛나는 결정체 · 244

　정진바라밀, 오로지 하고 또 할 뿐 · 250

　선정바라밀, 말보다 더욱 실천을 챙겨야 · 256

　반야바라밀, 생활 속의 보살을 스승으로 · 262

· 반야심경 훑어보기 · 269

　행복을 위해 멀리해야 할 뒤바뀐 헛된 생각 · 270

　　조견 오온개공과 반야바라밀행 · 274

　　색즉시공 공즉시생 수상행식 역부여시 · 278

　　12연기와 반야바라밀행 · 283

　　사성제와 반야바라밀행 · 286

　　원리 전도몽상과 바라밀행 · 287

· epilogue · 300

part1.
철학적 사고로 챙기는 발심생활

모르고 짓는
죄를 두려워하자

알고 짓는 죄가 클까?
모르고 짓는 죄가 클까?

이 질문은 마음공부의 시작이다. 공부는 스스로 묻고 답
하는 과정에서 답을 얻어가야 한다. 마음공부의 기초를 다
진다는 생각으로 한번 진지하게 고민해 보자. 과연 어떤 죄
가 더 클까?

'당연히 알고 짓는 죄가 크지, 모르고 짓는 죄는 정상참작
을 해주지만, 알고 짓는 죄는 가중처벌까지 하고 있잖아.'

많은 이들은 이렇게 생각한다. 하지만 이것은 어디까지나

세간법의 일이다. 마음공부는 세간법을 초월한 관점으로 접근해야 한다.

불에 달궈진 뜨거운 쇠막대가 있다. 뜨겁다는 것을 모르고 잡는 사람과 알고 잡는 사람이 있다면 누가 더 큰 상처를 입게 될까? 알고 잡는 사람은 장갑을 끼거나 뭔가 대책을 세워 조심스럽게 잡기에 상처를 예방할 수 있다. 모르고 잡는 사람은 아무런 대책도 없이 잡으니 상처를 더 입게 된다.

직장에서 실수로 상사의 발을 밟은 사람이 있다. 발을 밟았는지 모르고 그냥 지나간 사람과 밟았는지 알고 얼른 사과하고 지나간 사람 중에 누가 더 큰 상처를 받게 될까? 바로 자신의 실수를 알아차린 사람은 사과해서 용서라도 받지만, 모르고 지나간 사람은 상사에게 찍혀서 불이익을 당할 확률이 높을 수밖에 없다. 실수로 밟아놓고 밟았는지도 모르고 지나간 사람이 더 큰 상처를 받을 확률이 높게 나타나는 것이다.

어떤 사람이 예쁜 옷을 입고 왔다.
"예뻐졌네요."
자신은 분명히 칭찬으로 했는데, 그 말을 들은 상대가 자신을 비꼬았다고 생각하면 어떤 일이 생기겠는가? 나름대로 칭찬했다고 생각한 자신과 그 말을 비꼬는 소리로 들은 상대의 관계는 틀어질 수밖에 없다.

사람은 누구나 다 잘 살기를 원한다. 그러면서 자신이 아는 대로, 자신이 배운 대로, 자신의 생각대로, 자신의 습관대로, 자신의 욕심대로 사는 경우가 많다. 그러다 보니 자신만 모르는 잘못을 계속 범하며 사는 경우가 많다. 즉 모르고 짓는 죄가 더 크다는 것을 모르고 살기에 그 대가를 치르느라고 괴로움에서 벗어날 길이 없다.

따라서 행복하고 싶다면 먼저 자신도 모르는 괴로움에 빠지게 하는 모르고 짓는 죄가 더 무섭다는 사실을 분명히 인식해야 한다.

서로 떨어져 있으면 하루도 살지 못하는 부부가 있었다. 남편이 사흘 동안 출장을 가게 되었다. 남편은 사랑하는 아내를 하루라도 빨리 보고 싶어 출장 중에도 밤 새워 일을 처리해서 하루 일찍 돌아올 수 있었다. 남편이 집에 돌아왔을 때는 초저녁으로 비가 내리고 있었다. 아내는 혼자 있는데 마침 비까지 추적추적 내리니까 겁이 나서 문을 걸어 잠그고 일찍 잠자리에 들었다. 집에 돌아온 남편은 마침 열쇠를 두고 와서 초인종을 눌렀지만 반응이 없자 난감했다. 아내가 잠들었다고 생각하고 사랑하는 아내를 깨울 수 없다는 생각으로 우회해서 집으로 들어가기로 했다. 3층이었는데 마주한 건물과 가까이 붙어 있기에 건너뛰면 창문을 통해 들어갈 수 있을 것 같았다. 마음대로 건너뛰는 데는 성공했다. 하지만 아내는 창문까지 걸어 잠그고 잠이 든 상태였다. 남편은 창문틀에 매달려 창을 열려고 기를 썼지만 속수무책이었다. 급기야 빗물에 미끄러져 아래로 떨어지고 말았다. "쿵!" 소리가 나자 사람들이 모여들며 웅성거리기 시작했다. 잠에 빠졌던 아내는 이웃이 초인종을 누르고, 대문을 두드리는 소리에 잠에서 깨고는 사태의 심각성을 알아차렸다. 피를 흘리며 쓰러져 신음하는 남편을 그대로 두고 볼 수가 없었다. 남편을 향한 사랑이 초인적인 힘을 발휘했다. 남편을 둘러업고 인근의 병원으로 달려갔다.

병원에 도착했을 때 남편은 이미 숨을 거두었다. 아내는 그 자리에 기절하고 쓰러졌다. 어느 정도 시간이 지나 정신을 차린 아내는 남편의 사인(死因)을 듣고 또다시 쓰러질 수밖에 없었다. 남편의 직접적인 사인은 자신이 업고 뛰는 과정에서 부러진 갈비뼈가 심장을 찌른 것으로 나타났기 때문이다.

아내가 잠만 들지 않았어도, 초인종 소리만 들었어도, 비가 온다고 창문을 걸어 잠그지만 않았어도, 초인적인 힘만 발휘하지 않았어도, 사랑하는 남편은 죽지 않았을 것이다. 모르고 지은 죄라 세간법으로는 정상참작이 되어 처벌은 받지 않았다. 하지만 어쩔 것인가? 자신도 모르게 지은 죄로 평생을 괴로움 속에 살아야 할 아내에 대한 벌은 가혹하기만 하다.

이것이 중생의 삶이다. 이런 고통에서 벗어나기 위해 마음공부가 필요한 것이다. 지금 열심히 살고 있는데 원하는 것이 뜻대로 이뤄지지 않아 괴롭다면 지금 당장 잠시 멈추고 자신도 모르고 짓는 죄를 돌아봐야 한다.

"모르고 짓는 죄를 두려워하라."

이러면 꼭 어깃장을 놓는 사람이 있다.
"그러면 알고 짓는 죄는 괜찮다는 건가?"
전후 문맥을 보면 분명히 그런 뜻이 아니라는 것을 알 수 있는데 이렇게 어깃장을 놓는 이유는 무엇일까? 그게 바로 업이다. 그 업이 바로 자신도 모르게 죄를 지으면서 스스로 행복과 먼 괴로움으로 빠져들게 하는 것이다.
이런 이들은 일상에서도 사고의 편협성을 보이는 경우가 많다. 자신이 믿고 보는 것만 논리이고, 자신의 견해와 다른 것은 궤변이나 억지로 보는 경우가 많다.

마음공부에서도 세간법 못지않게 알고 짓는 죄를 중하게

여긴다. 단지 알고 짓는 죄보다 모르고 짓는 죄가 크다고 하는 것은 모르고 지을 때는 당장 무엇을 멈춰야 하는지 몰라서 계속 같은 잘못을 범하기 때문에 얼른 그것을 알아차려서 더 이상 그 죄를 짓지 말아야 한다는 것이다.

마음공부는 모르고 짓는 죄를 알아차려 더 이상 그 죄를 짓지 않는 방법을 배우는 것이다. 따라서 마음공부를 잘 하려면 무엇보다 먼저 모르고 짓는 죄가 더 크다는 것을 분명히 인식하고 공부에 임해야 한다. 그 인식을 바탕으로 항상 모르고 짓는 죄를 두려워하며, 모르고 짓는 죄에서 벗어나기 위해 꾸준히 공부해 나가야 한다.

다 내가 선택한
것임을 알자

옆집의 개가 짖는 소리 때문에 밤마다 잠을 이루지 못하는 사람이 있었다. 주인에게 항의도 했지만 그때뿐이어서 스트레스만 쌓여갔다. 개 때문에 잠을 이루지 못하는 고통에서 벗어나기 위해 스승에게 질문했다.

"밤마다 옆집 개가 짖는 소리 때문에 잠을 이루지 못하는데 어떻게 하면 좋을까요?"

"만물의 영장인 인간이 개 때문에 잠을 이루지 못한다니 뭔가 좀 이상하지 않나? 본인은 개만도 못한 사람인가? 그렇다면 어쩌겠나? 개만도 못한 자신을 인정하고 얼른 '제발 잠 좀 자게 조용히 해주세요'라고 밤마다 개에게 빌어야지."

"……?"

뭔가 그럴듯한 답을 기대했던 제자는 생각지도 못한 대답에 충격을 받아 잠시 말을 잃었다. 스승은 그런 반응을 보이는 게 당연하다는 듯이 말을 이었다.

"잠은 본인의 잠인가? 개의 잠인가?"

"그야 저의 잠이죠."

"본인의 잠이 분명하다면 개가 짖거나 말거나 본인이 스스로 잠을 자거나 말거나 선택할 수 있어야 하지 않나?"

"……?!"

스승은 잠시 뜸을 들이더니 제자에게 일어나서 앞으로 와보라고 했다. 제자가 얼른 일어나서 앞으로 나오자 이번에는 다시 자리로 돌아가서 앉으라고 했다. 그리고 제자가 자리에 앉자마자 물었다.

"지금 본인은 왜 여기까지 왔다가 들어갔는가?"

"스승님이 하라고 하셔서 했습니다."

"내가 시켜서 했다고? 본인이 내 말을 잘 듣는다는 건가? 그렇다면 한번 또 실험해 볼까? 여기 칼이 있네. 이 칼로 본인의 목을 힘껏 찔러보게."

"예?"

제자는 깜짝 놀랐다. 스승은 말을 이었다.

"아까는 내가 시키는 대로 했다고 하더니 이번에는 왜 내 말을 안 듣는가?"

"정말 그 칼로 제 목을 찌르라는 말씀인가요?"

"본인이 내 말을 얼마나 잘 듣나 실험하려고 하는 것이니까 나만 믿고 한번 푹 찔러보게."

"그러다 죽으면 어떡하죠?"

"그러다 죽으면 장례는 잘 치러주겠네."

"죽으면 저만 손해잖아요. 차마 못하겠습니다."

"그럼 솔직히 말해보게. 처음에 내가 시키는 대로 했다고 한 사람과 지금 내가 아무리 시켜도 하지 못하겠다는 사람 중에 누가 진짜 본인의 주인인가? 내가 시키는 대로 했다면 나의 종이 되는 것이고, 내가 아무리 하라고 해도 못하겠다는 것은 스스로 주인이 되는 것이지. 본인은 나의 종이 되고 싶은가? 본인의 주인이 되고 싶은가?"

"당연히 저의 주인이 되고 싶습니다."

"그렇다면 다시 한번 처음으로 돌아가 보겠네. 개가 짖어서 잠을 못 잔다고? 이 사람은 개의 종인가? 자신의 주인인가?"

"……?!"

"머리 굴리지 말고 아까 말한 이치대로만 말해보게. 개 때문에 잠을 못 자는 사람은 개의 종인가 자신의 주인인가?"

"……?!"

"개 때문에 잠을 못 잔다면 아무리 인정하기 싫어도 개의 종인 것은 분명하지?"

"그게 그렇게 되나요?"

"당연한 거 아닌가? 그렇다면 말해보게. 본인은 개의 종으로 살고 싶은가, 자신의 주인으로 살고 싶은가?"

"당연히 저의 주인으로 살고 싶습니다."

"그렇다면 이제 처음으로 돌아가서 개의 종이 아닌 본인의 주인으로서 다시 물어봐야지. '개가 아무리 짖어도 제가 잠을 잘 수 있는 방법이 무엇입니까?' 이렇게? 자, 개의 종이 아닌 본인의 주인으로서 시키는 대로 다시 물어보게."

제자는 심호흡을 가다듬고 스승이 시키는 대로 다시 질문을 던졌다.

"개가 밤마다 짖어도 제가 잠을 잘 수 있는 방법이 무엇인가요?"

"그렇지? 그렇게 물어야 이제 개보다 나은 본인의 주인이 되어 답을 찾는 거지. 이제 본인이 주인이 되는 법을 물었으니 답을 찾아보도록 할까?"

스승은 제자가 잠시 생각을 정리할 시간을 주듯이 뜸을 들였다가 다시 말을 이었다.

"이제 주인과 종에 대해서 살펴볼까? 본인은 주인과 종의 차이가 무엇이라고 생각하는가?"

"주인은 마음대로 할 수 있고, 종은 주인이 시키는 대로만 할 수 있습니다."

"주인은 자신의 일을 스스로 선택하는 사람이고, 종은 자신의 삶에 선택권이 없다는 것을 알 수 있는 거지?"

"예, 그렇습니다."

"그렇다면 다시 한번 생각해 보게. 아까 내가 나왔다 들어가라고 할 때 내가 시켜서 했다는 사람과 칼로 목을 찌르라고 시켰을 때 하지 못하겠다고 스스로 선택한 사람 중에 누가 나의 종이고, 누가 본인의 주인이라고 할 수 있는가?"

"……?!"

"그 짧은 순간에 본인은 나의 종의 되기도 하고, 본인의 주인이 되기도 했는데 그 기준이 뭐였는가? 이건 아주 중요한 문제네. 생각해 보게. 처음에 나왔다 들어간 것은 왜 내가 시켜서 했다 하고, 칼로 목을 찌르라는 것은 내가 아무리 시켜도 못하겠다고 한 건가? 그 기준이 뭐였나?"

"그야 나왔다 들어가라는 것은 쉽게 할 수 있지만, 칼로 목을 찌르면 제가 죽으니까 할 수 없었습니다."

"그러니까 나왔다 들어가라는 말은 본인에게 뭔가 이익이 될 것 같으니까 따라 한 것이고, 칼로 목을 찌르라는 것은 본인에게 손해가 될 게 분명하니 못하겠다고 했다는 것 아닌가?"

"그게 그렇게 되나요?"

"본인만 그런 게 아니라 인간이라면 다 그러고 있는 거야. 어떤 일이든 아주 짧은 시간에 이익이냐, 손해냐를 따져서 선택하는 것이지. 그리고는 착각하는 거야. 자신이 원하지 않는 것은 남탓을 하고, 자신이 원하는 것이면 자신의 공으로 돌리는 거지. 이게 세속적인 인간의 속성이라는 것을 알아야 해. 그래야 어떤 경우든 본인의 주인으로 살 수가 있는 거야."

"……?!"

"이제 다시 생각해 볼까? 개가 짖는 소리 때문에 잠을 자지 못한다고 했는데, 이때 개 짖는 소리를 떼어놓고 보면 잠을 못 자는 것은 누가 선택한 것인가? 본인이 선택한 것 아닌가?"

"그렇게 되네요."

"본인이 선택해 놓고 개 때문이라고 개탓을 하면 과연 답을 찾을 수 있겠는가?"

"……?!"

"사람이 피곤할 때는 아무리 시끄러워도 잠에 빠지고, 예민할 때는 시계의 초침 소리 때문에 밤을 새우는 경우도 있지. 이런 걸 보면 잠을 자고 못 자는 것은 외부의 소리 때문이 아니라 본인의 상태에 따라 달라진다는 것을 알 수 있지 않겠나? 그렇다면 개가 짖을 때 개탓을 하면서 밤을 새는 게 주인된 자세인가, 아니면 그때 내가 무슨 일 때문에 개탓을 하며 밤을 새고 있는가를 살피는 게 주인된 자세인가?"

"……?!"

"감정적으로는 받아들이기 힘들어도 이성이나 논리적으로는 개탓을 하며 밤을 새는 게 아니라 내 안에서 개탓을 하며 잠을 설치는 일이 무엇인지 살피는 게 주인된 자세라는 것을 알 수 있지 않겠나?"

"예, 그렇습니다."

"지금 당장은 어렵겠지만 스스로 찾아보게. 그러다 보면 내면에 풀리지 않은 문제 때문에 개 핑계를 대며 잠을 이루지 못하는 본인의 문제를 찾게 될 거야. 그것이 개의 종이 아니라 본인의 주인으로 사는 방법이기도 하고. 무슨 말인지 알겠나?"

"예, 알겠습니다."

제자는 완전한 이해는 못했지만 이론적으로는 스승의 말씀이 맞기에 그대로 받아들일 수밖에 없었다.

"그렇지. 공부는 그렇게 하는 거야. 당장 받아들이기 어려워도 맞다 생각하면 일단 수긍하고 스스로 그 답을 찾아보는 거야. 그것이 본인의 주인으로 사는 길이고, 그런 경험이 축적되다 보면 저절로 공부가 익어가는 것이지."

개를 주인으로 모시는 종의 삶을 살 것인가? 개가 짖거나 말거나 자신의 당당한 주인으로 살아갈 것인가? 진지하게 자신을 살펴볼 일이다.

• 콩 심었는데 팥이 났다고?

누군가에게 뺨을 맞았을 때도 마찬가지다. 상대에게 뺨을 맞은 것은 내게 닥친 일이다. 이때 어떤 선택을 할 것인가? 뺨 맞은 상황을 자신이 선택했다고 받아들이면 주인의 자세로 대처하게 되고, 그 상황을 자신이 선택한 것이 아니라고 부정할 때는 종의 자세로 대처하게 된다.

주인을 선택한 사람은 자신의 능력에 따라 대처방법이 다르게 나타난다. 법을 잘 아는 사람은 법적인 보상을 받기 위해 경찰을 부르고 병원을 찾을 것이다. 덩치가 더 큰 사람은 힘으로 상대를 제압해서 다음부터 함부로 까불지 못하게 할 것이다. 빚쟁이라면 기한이 연장되는 것이 좋으니 맞고서도 잘못했다고 빌 것이다. 어떤 선택을 하든 다 자신의 능력이나 처지에 따라 그때 가장 이익이 되는 행동을 선택할 것이다.

그런데 종으로 사는 사람은 어떤가? 이미 맞은 것도 억울한데 상대를 탓하기 바쁘다. 상대를 탓하는 마음 때문에 그 사람을 만나거나 생각할 때마다 괴로움에서 벗어날 길이 없다. 상대를 탓하는 것이 종의 삶이라는 것을 깨닫기 전까지는 괴로움에서 벗어날 길이 없다.

감기에 걸렸을 때도 마찬가지다. 주인이라면 얼른 자신에게 닥친 감기를 스스로 선택하고 받아들여 얼른 감기를 통해 무슨 이익이 얻으려고 선택했는지 따져볼 것이다. 그러면 감기 핑계로 직장을 쉬고 싶어 하거나, 감기를 계기로 자신에 대한 주위 사람들의 관심과 사랑을 받고 싶어하는 마음을 찾을 수 있다. 그것을 핑계로 즐기겠다는 마음을 먹으면 감기는 그대로라도 그로 인해 겪는 괴로움은 적어지게 된다. 하지만 이미 걸린 감기를 부정하며 아픈 것도 힘든데, 자신은 감기를 선택한 적이 없다며 감기를 탓하다 보면 괴로움은 더욱 커질 수밖에 없다.

부모가 결혼을 반대해서 사랑하는 사람과 헤어져서 괴롭다는 사람이 있다. 감정적으로는 누구나 이해할 수 있는 일이다. 하지만 이 사람이 괴로움에서 벗어나려면 냉정하게 따져볼 필요가 있다. 사랑하는 사람과 헤어진 것은 누가 선택한 것인가? 주인으로 사는 사람은 얼른 그 선택을 자신이 했다는 것을 인정하고 이후에도 부모님과 좋은 관계를 유지하는 쪽을 선택한다. 하지만 종으로 사는 사람은 부모를 탓하며 괴로움 속에서 살게 된다. 사랑하는 사람과 헤어진 것도 괴로운데 그 누구보다도 자신의 편일 수밖에 없는 부모님을 탓하며 미워하니 괴로움에서 벗어날 길이 없다.

주인으로 사는 사람은 콩 심은 데 콩 나고 팥 심은 데 팥 난다는 것을 분명히 알기에 남탓을 하며 에너지를 낭비하는 일을 하지 않는다. 팥이 났으면 얼른 팥을 심었다는 것을 인정하고, 씨앗을 뿌릴 때 어쩌다 팥을 선택했는지 살펴보고 같은 실수를 반복하지 않는다. 두부가 먹고 싶어 콩을 심으려고 했는데 무의식에서 팥빵을 생각하고 팥을 심었다고 생각하면 이제 팥빵을 만들 일만 남았으니 콩을 심었는데 팥이 열렸다고 괴로워할 일이 없다.

　우리는 매 순간 주인으로 살기 위해서 자신의 앞에 닥친 일은 일단 자신이 선택해서 거둔 열매라고 인정하는 자세가 중요하다. 그래야 당장 눈앞에 닥친 일 때문에 괴로워하는 일에서 벗어날 수 있을 뿐만 아니라 매 순간 자신에게 닥친 일을 자연스럽게 삶의 일부로 받아들여 행복을 추구할 수 있다.

안다고 아는 것이
아님을 알자

산에만 올라가면 알러지에 걸리는 사람이 있다. 직장생활 초기에는 큰 문제가 없었는데 연차가 쌓여가면서 등산모임에 빠지다 보니 조직에서 소외되고 있음을 느꼈다. 어떻게든지 함께하려고 등산을 따라 나섰다가 심한 알러지로 고생을 했다. 병원도 가고 약도 먹고 했지만 증상은 나아지질 않았다. 마음공부를 시작했는데 그 과정에서 "내게 닥친 일은 다 내가 선택한 것임을 알라"는 말을 듣고 스승에게 질문했다.

"저는 산에만 가면 알러지로 고생합니다. 이것도 다 제가 선택한 것으로 인정하라는 거잖아요. 이론으로 맞는 것 같아 아무리 인정하려고 해도 쉽게 인정이 안 되네요. 동료들과 등산하는 것이 제게 이익이라는 걸 분명히 아는데, 저는 왜 손해인 줄 알면서 등산만 하면 알러지가 생기는 것을 선택한 걸까요?"

"확실하게 인정하겠다는 마음은 챙겼나?"

"예, 그래서 이렇게 공부하러 나오고 있습니다."

"그러면 생각해 봐야지. 본인은 등산을 못하는 게 문제인가? 산에만 가면 알러지가 생기는 게 문제인가?"

"알러지가 생겨서 등산을 못하는 게 문제입니다."

"그렇다면 알러지도 낫고 등산도 하고 싶다는 두 가지 욕심을 챙기는 건데, 그렇게 두 가지 욕심을 한꺼번에 챙기는 것은 쉽지가 않지. 먼저 한 가지 욕심만 챙겨봐야 해. 다시 물을게. 본인은 등산을 못하는 게 문제인가? 산에만 가면 알러지가 생기는 게 문제인가? 알러지가 문제라면 알러지 치료법을 찾아야 하고, 등산이 문제라면 등산하는 법을 찾아야 하니 먼저 둘 중에서 우선 순위를 말해 봐."

"등산을 못해서 직장생활에 문제가 생기니 등산을 못하는 게 더 큰 문제인 것 같습니다."

"그러면 생각해 볼까? 등산을 못하는 것은 누가 선택한 건가?"

"지금까지 배운 대로라면 제가 선택한 것이겠죠?"

"그렇지? 배운 대로라면 본인은 지금 직장생활보다 등산을 안 하는 게 더 이익이라고 생각하고 등산 안 하는 것을 선택했다는 것이지?"

"……?!"

"본인이 생각하기에 등산을 싫어하는 이유가 무엇인지 생각해 봤나?”

“아무리 생각해 봐도 모르겠습니다.”

“생각해 보고 말해야지. 단 1초도 생각하지 않고 그렇게 부정하니 더욱 의심스럽잖아. 지금까지 살아오면서 산에서 안 좋았던 일이 있었던 것은 아닌가?”

“글쎄요, 알러지 때문에 산에 가 본 적이 거의 없으니….”

“지금 말하는 걸 들으니 ‘산에 가 본 적이 거의 없다’는 말은 한두 번은 가 본 적이 있다는 말인 것도 같은데, 지금 바로 생각나지 않으면 나중에 말해도 괜찮아. 본인이 지금 하는 행동을 보니 아직 알러지를 낫겠다는 마음이 없는 거야.”

“글쎄요, 저는 별로 생각나는 게 없는데요.”

대답은 그렇게 하지만 이 사람은 말끝을 흐리면서 고개를 까닥거리며 자꾸만 스승의 시선을 회피했다.

“지금 본인은 내가 무엇을 묻는지 알아듣고도 자꾸만 회피하잖아. 지금 당장 나하고 눈도 마주치지 못하고 자꾸만 도망치려 하고 있잖아?”

“제가 왜 이러는지 저도 모르겠네요. 제가 왜 이러고 있는 거죠?”

“본인 얘기를 남 얘기처럼 하고 있네. 먼저 바로 지금 생각나는 일을 말해 봐. 한두 번이라도 갔었던 산에서 있었던 일에 대해서 아무 말이나 해 봐.”

처음에는 산에 올라간 적이 전혀 없다며 완강히 부인하던 사람이 잠시 생각하는 듯하더니 안정을 찾고 조심스레 입을 떼기 시작했다.

"생각해 보니 어렸을 때 산에서 놀던 기억이 나네요. 그때 이런 일이 있었거든요."

그는 자리에서 일어나 오른쪽 바지를 걷어 올렸다. 그리고 정강이 부분에 큰 상처를 내보였다.

"어렸을 때 땔감을 하러 간 아버지를 따라 산에 갔어요. 나무에 올라갔다가 떨어져서 낫으로 베어놓은 날카로운 나무에 여기를 찔려 병원에 갔던 적이 있습니다. 아버지가 얼른 병원으로 데려가는 바람에 겨우 살아날 수 있었다고 했어요."

"그러니까 본인은 산에만 가면 어렸을 때 죽을 뻔했던 기억 때문에 등산보다 알러지를 선택했다는 거잖아?"

"예?!"

"지금 본인의 상황이 그렇잖아? 산에만 가면 어렸을 때 죽을 뻔한 기억이 떠오르니까 살기 위해서 알러지를 선택했다는 거잖아?"

"그게 그렇게 되는 건가요?"

"어쨌든 알러지를 낫고 싶다면 다음에 올 때 뾰족한 나무로 만든 칼이나 뾰족한 이쑤시개라도 가져와 봐."

일주일 후에 이 사람은 뾰족한 나무칼을 깎아서 가져왔다. 스승은 그를 보고 다시 한번 알러지에서 낫고 싶은 마음이 있냐고 물어서 확인하고는 그 사람의 팔을 잡고 옷을 걷어올렸다.

나무칼을 그 사람의 팔뚝에 갖다 댔다. 온몸에 알러지 반응이 일어나기 시작했다. 그러자 이 사람이 놀라면서 팔을 빼려고 기를 썼다. 스승은 그 팔을 더욱 꽉 잡고 말했다.

"도망치려 하지 말고 이 칼끝을 직시해 봐. 과거는 이미 지나갔으니 어쩔 수 없잖아. 바로 지금 현실을 직시해 보는 거야. 알았지?"

스승에게 잡힌 팔뚝을 빼려고 바둥거리다 이내 포기하고 울 것 같은 표정을 짓던 사람이 칼끝을 응시하기 시작했다. 거짓말처럼 알러지 반응이 점차 사라지는 모습이 보였다.

"그동안 본인은 허상에 불과한 어릴 적 기억을 실상으로 품고 있으니까 산에만 가면 알러지를 불러일으켜 산에 올라가지 못하게 만드는 증상을 만든 거야. 이제부터 연습이 필요하지. 과거는 그냥 흘려버리고 집 근처 작은 산부터 오르는 연습을 해보는 거야. 그게 힘들면 등산은 못하더라도 동료들과 어울릴 수 있는 다른 방법을 찾아봐야지. 등산 전의 입구까지 함께 하거나, 등산 후 뒤풀이 장소에는 꼭 빠지지 않거나 하는 대안을 찾는 것도 좋은 방법이지."

• 무의식과 업에 대하여

정신분석 심리학의 프로이트는 인간의 깊숙한 곳에 있는

무의식이 우리의 행동과 정신을 규정한다고 했다. 인간은 99% 이상 무의식의 영향을 받아 살아간다고 했다. 우리가 의식적으로 분명히 알고 행동하는 것은 1% 이하에 불과하다는 것이다. 따라서 자신도 모르게 겪는 고통에서 벗어나려면 무의식이 자신에게 미치는 영향을 알아차려야 한다고 했다.

무의식은 '업'과 매우 밀접한 관계를 맺고 있다. 사전적 의미로 '자신의 언동이나 상태 따위를 스스로 깨닫지 못하는 일체의 작용'을 뜻하는 무의식은 '미래에 선악의 결과를 가져오는 원인이 된다고 하는, 몸과 입과 마음으로 짓는 선악의 소행'을 뜻하는 업에 큰 영향을 끼친다. 쉽게 말해 '무의식'이 몸과 입과 마음이 '선한 행동'을 일으키면 '선업'이 되는 것이고, '악한 행동'을 일으키면 '악업'이 되는 것이다.

마음공부는 의식적이든 무의식적이든 '선한 행동'을 일으켜 '선업'을 축적함으로써 '선업의 열매'를 얻어가는 길이다. 먼저 모르는 것을 배워 익혀서 의식적으로 '선한 행동'을 끊임없이 일으켜야 하고, 자신도 모르게 무의식적으로 일으키는 '악한 행동'의 원인을 찾아 제거해야 한다.

우리 주변에는 행복하게 살고자 하지만 자신도 모르게 무의식적인 행동으로 불행에 늪에서 괴로워하는 이들이 너무나 많다. 등산만 하면 알러지가 생기는 사람의 이야기는 결코 남의 이야기가 아니다. 주변 사람들이 다 잘 하는 일을 본인만 못해서 괴로움으로 빠지는 이는 그것이 곧 자신에게 '등산만 하면 생기는 알러지'와 같은 무의식의 세계가 자신을 괴롭히는 것이라고 받아들여야 한다. 그래야 자신도 모르게 무의식으로 자신에게 손해를 끼치는 '악한 행동'을 줄여 '악업'의 고리를 끊고, 자신이 원하는 대로 살아가는 '선업'의 고리를 이어갈 수 있기 때문이다.

• 치킨을 못 먹는 게 문제가 아니라

치킨집에 가서 치킨을 먹지 못하는 두 친구가 있었다. 두 사람을 대하는 친구들의 태도는 완전히 달랐다. 한 친구에게는 치킨집에 가자마자 "너 치킨 못 먹잖아. 마른안주도 같이 시키자"라고 배려해 주었는데, 다른 한 친구는 가급적 치킨집에 함께 가지 않으려고 했다. 어쩌다 함께 가더라도 본인이 먼저 알아서 비싼 과일 안주를 시키는 것을 보며 눈총을 주곤 했다.

치킨을 먹지 못하는 이유가 달랐다. 한 친구는 어렸을 때 시장통에서 상인이 닭의 모가지를 잘라 파는 장면을 보고 그때부터 닭을 먹으려고 하면 온몸에 소름이 끼쳐서 먹지 못한다고 했다. 하지만 친구들과 어울리는 것은 좋아서 치킨집을 따라 다닌다고 했다. 치킨만 먹지 않으면 괜찮아서 아무런 불편이 없다고 했다. 이에 반해 한 친구는 그냥 치킨이 느끼해서 안 먹는 거라고 했다. 그래도 친구들과 어울려야 하니까 치킨집을 들어오면 자신이 좋아하는 과일 안주를 주문하는 거라고 했다.

무의식이 짓는 '악업'에서 벗어나는 길은 그 무의식으로 짓는 '업'의 작용을 알아차리는 것이다.

한 친구는 치킨을 먹지 못하는 이유를 분명히 알기에 자신이 치킨집에 가는 것은 친구들과 어울리려고 가는 것이지 치킨을 먹으러 가는 것이 아니라는 것을 놓치지 않았다. 그래서 친구들을 배려해서 친구들이 안주로 치킨만 시켜도 아무 말 없이 어울린 것인데, 그것을 알아차린 친구들이 배려해서 '마른 안주'를 주문해 주기 시작한 것이다. 치킨집에서 친구들과 어울리는 것과 치킨을 먹는 것을 분리해낼 수 있었기 때문에 가능한 일이다.

이에 반해 자신이 치킨을 먹지 못하는 이유를 분명히 알지 못한 친구는 어울리려고 간 치킨집에서 친구들이 다 좋아하는 치킨을 무시하고 자신의 입맛만 찾아 과일 안주를 시키니 주머니 사정이 넉넉지 못한 친구들에게 눈총을 받게 되는 것이다. 어쩌면 이 친구가 치킨을 먹지 못하는 이유도 이렇게 친구들 앞에 튀고 싶어서 그런 것인지 모른다. 그렇게 튀는 행동을 하는 것이 친구들에게 미움을 받는다는 것을 알기 전까지는 친구들에게 미움을 받는 괴로움으로부터 벗어날 길이 없을 것이다.

등산만 하면 알러지가 생기는 사람도 마찬가지다. 그가 직장생활에서 등산이 갖는 의미를 절실하게 받아들였다면, 등산만 하면 알러지를 불러 일으키는 무의식의 행동을 알아차렸다면, 일찌감치 등산과 알러지를 분리해낼 수 있었을 것이다. 하지만 직장생활을 잘 하려면 등산을 해야 한다는 욕심만 내세웠기에 직장생활에서 등산이 꼭 산을 오르는 것만이 아니라 함께 친목을 도모하는 자리라는 것을 알아차릴 수가 없었다. 알러지를 핑계로 등산 모임 자체를 빠지다 보니 직장동료들에게는 이기적이고 튀는 행동으로 보였던 것이다. 직장생활에서의 등산은 꼭 산을 오르는 것만이 아니라 친목을 도모하는 자리라는 것을 일찍이 알았다면, 그보다 빨리 등산만 하면 알러지가 생기는 것을 치유하려는 노력을 기울였거나, 또는 정상까지는 따라가지 못하더라도 입구나 중간까지는 함께 하고, 뒤풀이까지 꼭 함께 하는 방법을 선택할 수도 있었을 것이다. 나중에라도 자신의 문제를 알아차리고 공부를 통해 해결해 나가려는 노력을 기울여 알러지 치유방법을 알았으니 다행이다. 이제 더 이상 알러지를 핑계로 등산 자체를 회피하며 직장생활에서 손해보는 행동은 하지 않을 것이기 때문이다.

• 식공부와 성품공부를 함께 챙겨야

공부를 통해서 얻는 것에는 지식과 지혜가 있다. 지식은 이론으로 아는 것이고, 지혜는 상황을 빨리 파악해서 가장 적절한 행동을 할 줄 아는 것이다. 지식으로 머무는 것을 식(識)공부라 하고, 지혜까지 터득하는 것을 성품(性品)공부라 한다. 식공부가 많을수록 성품공부도 깊어지는 것이 일반적이다. 하지만 식공부를 통해 그저 지식축적에 머문 사람은 성품공부를 통해 지혜에 이른 사람을 따를 수 없다.

가장 이상적인 것은 지식의 축적이 지혜와 비례하는 것이지만, 현실에서 지식만 축적한 사람들이 지식이 없는 사람들보다 더 나쁜 짓을 해서 사회적인 물의를 일으키는 것을 보면, 지식의 축적이 지혜와 꼭 비례하지만은 않다는 것을 알 수 있다.

일반적으로 식공부와 성품공부가 비례하면 지혜로운 이가 되고, 식공부만 발달하고 성품공부가 따르지 못하면 입만 살아 있는 축생이 되고, 성품공부만 발달하고 식이 따르지 못하면 귀신에 씌여 미치광이나 광신도로 빠지기 십상이다.

따라서 우리는 식공부와 성품공부가 비례하는 길로 들어서기 위해 '(식으로) 아는 것이 다 (성품으로) 아는 것이 아니라는 것'을 분명히 인식하고 식공부와 성품공부를 병행해서 꼭 비례하도록 챙겨가야 한다.

세상의 거의 모든 종교는 마음의 안정과 이웃간의 화합과 평화를 기본교리로 하고 있다. 따라서 어떤 종교를 믿든지 식공부와 성품공부를 일치시킨 이들은 지혜의 완성자라 할 수 있다. 부처와 예수, 공자와 마호메드가 한 자리에 모인 다면 분란이 일어날 수가 없다.

오늘날 종교 갈등이 세계공동체를 해치는 것은 그 분들이 남기고 간 가르침을 식과 성품으로 일치시키지 못하고 어느 한 쪽으로 치우치게 받아들인 이들이 넘쳐나기 때문이다. 의도가 불순한 지도자들이 교리를 이용해서 욕심을 채우기 때문에 사회적 갈등이 일어나는 것이다.

지금 이 순간에도 교리를 배우면서 성품공부는 뒤로 하고 식공부에만 치중한 사람들은 교리를 이용해서 자기 욕심을 채우고 있고, 식공부는 뒤로 한 채 기도를 통한 성품공부에만 치중한 사람들은 광신도나 사회부적응자가 되어 사회적인 문제를 일으키고 있는 것이 현실이다.

마음공부를 하기 전에 반드시 챙겨야 할 일이다. 나는 과연 얼마나 식공부와 성품공부를 챙기고 있는가? 아무리 많은 책을 읽고, 아무리 많은 경험을 해서 축적한 지식이 많더라도 그것을 성품공부로 활용하지 못하면 그 좋은 지식들이 자신을 한 순간에 원하지 않는 엉뚱한 길로 끌어들여 괴로움을 안겨줄 수 있다는 것을 알아야 한다.

의술에 통달해서 세상의 모든 병을 다 고쳐서 신의(神醫) 소리를 듣는 스승이 있었다. 그 스승에게는 역시 세상의 모든 병을 다 고치는 똑똑한 제자가 있었다. 하지만 스승은 제자에게 홀로 환자를 맡기지 않았다. 제자는 명의(名醫) 소리는 들어도 스승의 인정을 받지 못하는 것이 항상 불만이었다.

어느 날 스승이 출타한 후에 오른쪽 팔이 심하게 뒤틀린 환자가 찾아왔다. 제자는 마침내 자신이 환자를 고쳐 실력을 발휘할 기회가 왔다고 쾌재를 불렀다. 그동안 익힌 의술로 환자를 고쳐서 돌려보냈다.

"역시 신의는 다르십니다."

환자가 거듭 찬사를 퍼부으며 돌아갔다. 스승이 돌아오자 제자는 자랑스러운 표정으로 그 이야기를 들려주었다. 그러자 스승은 제자에게 호통을 쳤다.

"이것아! 네가 지금 무슨 짓을 했는지 아느냐? 너는 지금 한 사람의 팔을 고쳐서 세 사람을 죽게 만들었으니 그 죄를 어떻게 씻을 수 있단 말이냐?"

제자는 역시나 자신을 인정하지 않는 스승에게 불만이 찬 목소리로 말했다.

"그게 무슨 말씀이십니까? 왜 스승님은 저를 인정하지 않으시는 겁니까?"

"이것아, 나는 네가 의술을 과시하는데 쓰지 않고 진실로 환자들을 위한 의술로 쓰기를 바라며 기다리고 있을 뿐이니라. 그런데 너는 어찌하여 아는 것만 내세워 알지 못하는 것을 알려고 노력하지 않느냐? 그 환자는 전생의 업으로 부모를 죽이고 사형에 처해질 운명이었는데, 마음공부를 하면서 그 업을 끊으려고 팔이 뒤틀어졌을 뿐이니라. 그것도 모르고 네가 얼른 고쳐놨으니 이제 그 사람은 그 팔로 부모를 죽이고 자신도 사형에 처해질 것이니 이를 어쩌면 좋단 말이냐!"

지금 내가 아는 것을 얼마나 안다고 할 수 있는가? 아는 것이 다 아는 것은 아님을 알고 매 순간 식공부와 성품공부의 길을 살피고 또 살필 일이다. 식공부를 통해 의술은 제대로 배웠지만 그 좋은 의술을 과시하는데 쓰느라 성품공부를 게을리한 제자가 곧 내가 아니라는 것을 어떻게 장담하겠는가?

"아는 것이 다 아는 것이 아님을 알라."

마음공부를 하면서 자신이 엉뚱한 길로 빠지지 않도록 경계하기 위해 꼭 새겨야 할 말이다. 지금 내가 아는 것은 다 아는 것이 아니다. 아는 것을 다 아는 것으로 만들기 위해서 필요한 것이 스승이고 수행이고 정진이다. 매 순간 식공부와 성품공부를 함께 챙겨가며 의식이든 무의식이든 상황에 맞는 지혜로운 처신을 하면서 행복을 추구하는 것이 마음공부인 것이다.

밑져도 본전인
인생을 선택하라

어느 마을에 덩치만 크고 어리석은 바보가 있었다. 어느 날 주막을 지나는데 친구들이 바보를 이용해 먹으려고 불렀다. 그리고 바보에게 주막 한 켠에 놓여있는 두부를 가리키며 내기를 제안했다.

"너 먹는 거 좋아하지? 우리 내기하자. 여기 있는 두부 20모를 다 먹으면 우리가 두부 값을 내줄게."

"내가 다 못 먹으면 어떻게 할 건데?"

"그러면 내기에서 진 거니까 당연히 네가 그때까지 먹은 두부 값을 내고, 여기 우리가 먹은 음식값도 내는 거야. 어때 할 수 있어?"

바보는 잠시 생각하다 친구들에게 "잠깐 기다리라"고 하고는 주막을 나갔다가 얼마 후에 기쁜 표정으로 돌아와서는 "당장 내기를 하자"고 했다. 그리고 두부를 먹기 시작했다. 하지만 열여섯 모까지 먹고는 배가 불러서 도저히 못 먹겠다며 포기했다. 결국 친구들의 의도대로 친구들이 먹은 음식값과 열여섯 모의 두부값을 내야 했다. 뜻을 이뤄 득의양양한 친구들과 달리 내기에서 진 바보는 풀이 죽은 채로 고개를 갸웃거리며 중얼거렸다.

"이상하다. 조금 전에 연습하고 올 때는 분명히 스무 모를 먹었는데, 지금은 왜 못 먹은 거지?"

바보는 충분히 두부 20모를 먹을 능력을 갖고 있었다. 그런데 왜 그는 자신의 능력을 믿고 바로 내기를 하지 않고 먹어보고 나서야 내기를 한 것일까? 간접경험의 중요성을 모르고 직접경험으로만 선택했기 때문이다.

우스갯소리로 넘길 이야기가 아니다. 우리 주변에는 바보를 비웃으면서도 정작 자신도 무슨 일을 선택할 때 바보처럼 직접경험만을 기준으로 삼는 경우가 많다.

우리나라 인구는 종교인보다 비종교인이 약간 더 많다고 한다. 비종교인들은 종교인들이 보이는 부정적인 종교활동에 불만을 품는 경우가 많다. 예를 들면 이런 식이다.

"부처님을 믿으면 행복할 수 있어."
"그건 환상일 뿐이야. 정말 부처님이 있다면 내 앞에서 증명해 봐."

"너는 어떻게 경험으로만 판단하냐? 간접 경험도 중요한 거 잖아."

"너도 너만의 경험으로 부처님을 믿잖아? 만약에 부처만 있다면 예수만 믿는 사람은 어떻게 설명할 거고, 알라만 믿는 사람은 어떻게 설명할 건데. 부처니 예수니, 알라니 하는 것은 의지가 약한 사람을 위해 만들어낸 관념일 뿐이야. 예전부터 정치적으로 이용하려고 가진 자들이 의도적으로 만들어 낸 것이라고. 종교를 이용해서 그들만이 배를 채울 뿐이야."

이쯤 되면 부처님을 믿는 사람이 논쟁에서 밀릴 수밖에 없다. 이 순간에도 타락한 종교지도자들이나 길거리에서 나름대로 자신의 종교를 포교한다며 나대는 맹신도들이 보이는 극단적인 행태들은 무신론자들의 주장을 뒷받침하는 더할 나위 없는 근거가 되고 있다.

진실한 종교인들은 자신의 종교를 아무에게나 내세우지 않는다. 먼저 자신이 종교활동을 통해 삶의 질적인 변화를 이뤄내고, 이웃들에게 아낌없는 사랑을 실천하고, 그러한 사랑의 실천에 감화를 받은 이들이 저절로 종교에 귀의하도록 이끌어주고 있다. 자신의 종교를 중요하게 여기는 만큼 상대의 종교도 중요하게 여겨 상호 존중하며 평화와 공존을 꾀하고 있다.

사람은 보는 것만 보고 믿는 것만 믿는 성향이 있어서 무신론자들에게 눈에 보이지 않는 신이 있다는 것을 증명해 보이기는 쉽지 않다. 그런 이들에게는 논쟁으로 붙을 것이 아니라 진실한 종교활동을 통해 배운 그대로 자비와 사랑을 실천함으로써 그들이 감화를 받도록 해야 한다.

그럼에도 불구하고 무신론자와 논쟁에서 밀리고 싶지 않으면 관점을 달리할 필요가 있다. 신이 없다, 있다로 접근하지 말고 있다고 믿는 것이 훨씬 얻을 게 많다는 논리로 접근해 보는 것이다. 예를 들면 이런 식이다.

친한 친구 둘이 지옥에 대한 이야기로 논쟁이 붙었다.

"지옥은 없어. 죽으면 그뿐인 거야."

"물론 그럴 수 있어. 하지만 나는 지옥이 있다고 믿는 것이 낫다고 봐."

"그게 무슨 소리야? 죽으면 그뿐이라니까."

"사실 나도 지옥이 있는지 없는지 헷갈릴 때가 많아. 하지만 나는 지옥이 있다고 믿는 것이 밑져도 본전인 인생이라고 봐."

"그게 무슨 궤변이야? 말이 되는 소리를 해야지."

"그래? 그렇다면 생각해 봐. 예를 들어 네가 장사를 시작하려고 전문가들한테 컨설팅을 받았어. 그랬더니 어느 한 곳은 사람들이 많이 모이는 곳이라 장사는 잘 되겠지만 임대료가 비싸서 아무리 장사를 잘 해야 본전일 거라는 곳과 또 다른 한 곳은 외쳤지만 임대료도 싸고 요즘은 자동차를 타고 맛집을 찾아다니는 사람들이 많으니까 시작만 하면 밑져도 본전은 할 거라는 곳을 추천받았다고 생각해 봐. 너라면 잘 해야 본전이라는 곳과 밑져도 본전이라는 곳 중에 어디에서 장사를 시작할 건데?"

"그야 당연히 밑져도 본전인 곳에서 시작하겠지."

"그렇지?"

"그야 당연한 거 아니야?"

"그런데 너는 왜 장사보다 더 소중한 네 인생을 밑져도 본전인 인생이 아니라 잘해야 본전인 인생으로 살려고 하는데?"

"그게 무슨 궤변이야? 쉽게 알아듣게 말해 봐."

"쉽게 설명할 테니 잘 들어봐. 예를 들어 지옥이 없다고 믿는 네가 죽었어. 그때 네 생각이 틀려서 지옥이 있다면 너는 어떻게 될까?"

"……?!"

"지옥이 없다고 믿는 것만큼은 잘못한 것이니까 적어도 좋은 데는 가지 못하겠지? 네 생각이 틀리면 죽어서 큰 손해를 보는 거겠지."

"그게 그렇게 되나?"

"그럼 반대로 네 생각이 맞아서 지옥이 없다면 너는 그냥 흙으로 갈 뿐이겠지? 네 생각이 맞아봤자 좋을 게 하나도 없는 거겠지?"

"그야 당연한 거 아냐?"

"결국 너는 잘해봤자 본전이고 잘못하면 큰 손해를 보는 인생을 산다고 볼 수 있는 거잖아."

"⋯⋯?!"

"이제 반대로 생각해 보자. 지옥이 있다고 믿은 사람이 죽었어. 그 사람이 죽었을 때 지옥이 있다면 어떻게 될까? 지옥에 가지 않으려고 노력하며 살았으니 적어도 지옥에는 가지 않겠지. 자신의 생각이 맞으면 그만큼 이익인 삶을 살게 된 거겠지?"

"⋯⋯?!"

"이 사람이 생각이 틀려서 지옥이 없다면 어떻게 될까? 그냥 흙으로 될 뿐이니 손해볼 게 없는 거겠지?"

"그게 그렇게 되나?"

"그러니까 지옥이 없다고 믿은 사람은 잘해야 본전인 인생을 산 것이고, 지옥이 있다고 믿은 사람은 밑져도 본전인 인생을 산 것이 되는 거잖아. 너는 어떤 사람이 현명하다고 생각하는데?"

친구는 지옥이 있다고 믿는 사람은 밑져도 본전인 인생을 산 사람이고, 지옥이 없다고 믿는 사람은 잘해야 본전인 인생을 산 사람이라는 것을 알기 쉽게 도표로 그려가며 설명했다.

```
                         밑져도 본전

              있다  ↑  성공
    [ 지옥 ]─────        ─────[ 장사 ]
              없다  ↓  실패

                         잘해야 본전
```

　믿음은 불안정한 인간에게 초인적인 힘을 발휘하게 한다. 세상을 살면서 인간의 능력만으로 할 수 없는 것을 종교의 힘으로 이뤄낸 이들의 경험담을 믿고 따라 하면서 직접 체험을 한 이들이 더욱 진실한 종교인의 삶을 걷고 있다. 지금 이 순간에도 진실한 종교인들은 자신의 믿음이 소중한 만큼 타인의 믿음도 소중하다고 인정해 준다. 이것은 자신이 믿는 종교와 상관없이 인간으로서 갖춰야 할 덕목이라는 것을 잘 알기 때문이다.

　하느님을 믿으면 천국을 가고 믿지 않으면 지옥을 간다고 믿는 신부님과 이를 안쓰럽게 바라보는 철학자 친구가 있었다. 어느 날 철학자 친구가 진지하게 물었다.

　"만약에 자네 말이 사실이라면 하느님은 믿지 않지만 착하게 산 사람과 하느님은 믿지만 나쁜 짓을 많이 한 사람이 있다면 둘 중에 누가 천국으로 가고 지옥으로 갈까? 자네가 내 질문에 명쾌한 답을 준다면 나도 자네를 따라 하느님을 믿겠지만, 그렇지 않으면 자네는 더이상 내게 하느님을 믿으라는 말은 하지 말게."

이 말을 듣고 신부님은 잠시 고민에 빠졌다. 하느님을 믿지 않아도 착하게 산 사람이 천국에 간다고 하면 "하느님을 믿어야만 천국에 간다"는 말을 부정하게 되는 것이고, 하느님을 믿지만 나쁜 짓을 하며 산 사람이 천국에 간다고 하면 "착한 일을 해야 천국에 가고 나쁜 일을 하면 지옥에 간다"는 하느님의 말씀을 부정하게 되는 딜레마에 빠진 것이다. 신부님은 딜레마를 해결하기 위해 며칠 동안 고민하며 하느님께 현명한 답을 알려달라고 간절히 기도했다. 그리고 며칠 후에 친구를 만나서 이렇게 말했다.

"자네의 질문은 내게 큰 시련이었네. 그래서 며칠 동안 하느님께 기도했더니 마침내 영성으로 말씀해주셨네."

"그래, 뭐라고 하시던가?"

"하느님은 당신을 믿든 안 믿든 착하게 산 사람들을 지켜본다고 하셨네. 그런데 자네 그거 아나? 아무리 좋은 것을 줘도 본인이 받지 않으면 어쩔 수 없듯이 하느님이 아무리 천국의 문을 열어줘도 본인이 믿지 않으면 알아차리지 못하니 어쩔 수 없다는 것을."

철학자 친구는 그동안 자신이 풀지 못했던 의문이 풀리는 것을 느끼고 그때부터 친구를 따라 하느님을 믿는 독실한 신자가 되었다고 한다. 이왕이면 하느님을 믿고 착하게 사는 것이 밑져도 본전인 인생을 사는 것임을 분명히 알았기 때문이다.

불교든 기독교든 모두 착하게 사는 것을 기본 교리로 한다. 자비와 사랑은 일맥상통하는 말이다. 따라서 불교인이라면 자비를 실천하는 것이 기독교적인 사랑을 실천하는 것이 될 수 있다. 기독교인이라면 사랑을 실천하는 것이 가장 불교적인 자비를 실천하는 것일 수 있다.

• 밑져도 본전인 인생을 사는 사람은

밑져도 본전인 인생을 사는 사람들은 종교가 다르다고 다투지 않는다. 다른 종교도 인정하고 존중하며 그 종교의 가르침을 따르고자 노력한다. 그것이 밑져도 본전인 인생이라는 것을 잘 알고 있기 때문이다.

생각해 보라. 불교를 믿는 사람이 "이웃을 사랑하라"는 하느님의 말씀대로 착하게 산다면 하느님이 어떻게 외면할 수 있겠는가? 기독교를 믿는 사람이 "자비를 베풀라"는 부처님의 말씀대로 산다면 부처님이 어떻게 외면할 수 있겠는가?

자기가 믿는 종교만 옳다고 생각하고 상대를 부정하면서 이웃과 갈등만 일으키고 분란만 조장하는 것은 믿음을 욕되게 하는 것이다.

종교가 내세를 아무리 중요하게 여겨도 더 중요한 것은 바로 지금 현세의 삶이다. 내세는 몸뚱이가 가는 것이 아니라 현세에서 몸뚱이를 부렸던 주인이 몸뚱이를 벗고 영혼의 형태로 가는 것이다. 그렇다면 영혼이 몸뚱이를 벗었을 때 남는 것은 무엇이겠는가? 현세에서 몸뚱이로 들였던 습관, 무의식 등이 그대로 남게 되는 것이다.

따라서 내세에 좋은 곳으로 가려면 바로 지금 현세에서 몸뚱이와 영혼을 하나로 일치시켜 행복한 습관으로 길들여야 한다. 매사를 긍정적으로 보고 밑져도 본전인 인생을 살기 위해 몸뚱이와 영혼을 단련시켜야 한다.

옛날에 전쟁에서 항상 큰 승리를 거둬 최고의 벼슬자리에 오른 장군이 있었다. 젊었을 때는 열심히 사느라 자신이 항상 옳다는 생각을 하며 살았는데, 늙어서 은퇴하니 지난 날에 대한 생각이 많아졌다. 그러던 중에 "살아서 착한 일을 하면 극락에 가고, 나쁜 일을 하면 지옥에 간다"는 말을 듣고 지난 날 전쟁

터에서 무수히 죽인 사람들이 떠올라 은근히 죽은 후를 걱정하기 시작했다. 그래서 이대로는 안 되겠다 싶어서 당시에 최고의 스님이 머문다는 절을 찾아갔다. 그리고 다짜고짜 스님에게 따지듯이 말했다.

"지금 내 앞에서 극락과 지옥이 있는지 증명해 보여라. 만약 그러지 못하면 너는 요사스런 말로 만백성을 속인 요물이 되는 것이니 내가 살려두지 않겠다."

장군이 협박하듯이 큰소리를 치는데 스님은 전혀 기죽지 않고 어이없다는 표정으로 말했다.

"별 미친 사람을 다 보겠네. 믿지 않는 사람에게 보이지 않는 세계를 어떻게 증명해 보이란 말이오."

그 순간 장군은 화가 나서 "뭣이?" 하며 차고 있던 칼을 빼들어 죽일 듯이 노려보았다. 스님은 역시 전혀 기죽지 않은 채 한 마디를 툭 내뱉었다.

"바로 그 마음이 지옥이오."

그 순간 뭔가 느낀 것이 있어 장군은 이게 아니다 싶어 칼을 거두어 칼집에 넣었다. 그때 스님이 재차 툭 한 마디를 던졌다.

"바로 그 마음이 극락이오."

그 순간 장군은 크게 느낀 게 있어 그 자리에서 스님에게 엎드려 큰절을 올리고 제자가 되어 수행자로 여생을 보냈다고 한다.

밑져도 본전인 인생은 보이지 않는 세계를 믿고, 선조들이 축적한 간접경험을 긍정적으로 받아들여 자신의 인생을 긍정적으로 이끌어 간다. 이에 반해 잘해야 본전인 인생은 두부를 먹어보고 내기한 바보처럼 선조들이 축적한 간접경험을 믿지 않고 부정적으로 받아들여 자신의 인생도 부정적으로 이끌어 간다.

지옥과 극락이 사후 세계에는 어떻게 존재하는지 알 수 없지만, 현세에서는 오로지 마음 하나에 따라 달라지는 것만은 분명하다. 밑져도 본전인 사람이 현세에서도 행복할 확률이 높고, 죽어서도 극락으로 갈 확률이 높은 것은 누구나 유추할 수 있다.

결혼 후에 오랫동안 자식을 낳지 못해 날마다 지극정성으로 기도해서 세 쌍둥이를 얻은 여인이 있었다. 부처님이 자신의 소원을 들어주었다며 더욱 독실한 신자가 되었다. 애지중지 아이들을 키우며 행복한 삶을 꾸리고 있었다. 아이들이 10살쯤 되었을 때 자동차에 태우고 절에 가는 길에 차 안에서 싸우는 아이들을 말리려고 뒤를 돌아보는 순간 중앙선을 넘어섰고, 반대편에서 달려오는 차를 피하지 못해 정면으로 부딪히고 말았다. 병실에서 겨우 정신을 차리고 나서 세 아이가 모두 자기 곁을 떠난 것을 알게 되었다. 부처님이 그렇게 원망스러울 수가 없었다. 자식을 잃은 슬픔을 가누지 못해 날마다 고통 속에 살다가 이대로는 안 되겠다 싶어 스님을 찾아 뵙고 하소연을 했다.

"스님, 제가 전생에 무슨 큰 죄를 지었기에 이런 고통을 받아야 하나요? 제발 저 좀 고통에서 벗어나게 해주세요."

"그동안 부처님께 기도만 할 줄 알았지, 정작 부처님의 가르침을 믿지 않으니 어떻게 고통에서 벗어날 수가 있겠나?"

"예, 그게 무슨 말씀이신지요?"

"부처님께서 말씀하셨지. '전생을 알고 싶으면 지금의 나를 보라. 지금의 내 모습은 전생에 뿌린 씨앗에 열매'라고. 그렇다면 보살이 전생에 지은 죄가 무엇이겠나?"

"예? 무슨 말씀이신지…."

"지금 세 아이를 잃었으니 전생에 세 아이를 잃을 업을 지었겠지?"

"……?!"

"믿거나 말거나 보살은 전생에 뛰어난 사냥꾼이었어. 어느 날 나뭇가지에 나란히 앉아 있는 참새를 향해 화살을 쏴서 한 발에 세 마리를 맞춰 죽였지. 그때 죽은 참새들이 죽으면서 원수를 갚겠다고 원한을 품었던 것이야. 보살에게 똑같은 고통을 안겨주려고 세 쌍둥이로 태어나서 앙갚음을 한 것이지. 알겠나?"

"……?!"

"전생이 알고 싶다고 해서 알려줬으니 이제 어떻게 할 텐가?

계속 괴로워하면서 이생에서도 괴로움의 씨를 뿌려 다음 생에
도 괴로운 일을 만들 텐가, 아니면 이제라도 얼른 전생의 원수
를 보냈으니 잘됐다는 생각으로 빨리 털고 일어나서 행복의 씨
앗을 뿌릴 텐가?"

전생을 믿고 안 믿고는 선택의 자유다. 하지만 그 선택의
결과는 전혀 다르게 나타날 수밖에 없다. 전생을 믿지 않고
세 아이를 한꺼번에 잃었다며 한 아이를 잃은 부모보다 세
배나 되는 괴로움을 안고 계속 살 것인가, 세 아이를 잃은
것은 전생의 죄업을 털어낸 것이라고 믿고 얼른 슬픔을 털
고 일어날 것인가?
전생을 믿지 않는 이에게는 자신의 믿음이 맞아봤자 그냥
그것으로 끝날 뿐이니 '잘해야 본전'인 인생에 불과한 것이
고, 전생을 믿고 인과법칙을 따르는 이에게는 괴로움의 원
인을 분명히 알게 되어 괴로움에서 벗어나는 법도 알게 될
테니 맞으면 이익이고 틀려도 손해 볼 것이 없는 '밑져도
본전'인 인생인 것이다.

인생을 '잘해야 본전'인 길로 이끌어갈 것인가, '밑져도 본
전'인 길로 이끌어 갈 것인가? 선택은 오로지 첫 마음을 일
으킨 자신의 선택에 달려 있다. '밑져도 본전'인 인생을 살
겠다는 마음을 잘 잡고 있으면 주변의 방해와 유혹으로부

터 흔들릴 때 초발심으로 일으킨 신심을 끄떡없이 지켜주
는 든든한 응원군을 얻을 수 있다.

밑져도 본전인 인생!
바로 당신의 선택에 달렸다.

항상 공부의
본래 목적을 챙겨라

옛날의 한 스승 아래 많은 제자들이 배우고 있었다. 스승은 오는 사람 막지 않고 가는 사람 잡지 않으며 누구나 다 제자로 받아주고 있었다. 여러 사람이 모이면 어디에나 꼭 있듯이 여기에도 사고뭉치 제자가 하나 있었다. 전원 숙소생활이라 밤에는 나갈 수 없고, 수행처라 살생과 술과 여자는 가까이 못하도록 계율이 정해져 있는데, 이 사람은 밤만 되면 몰래 나가서 술에 취해 들어오곤 했다. 그것도 하루 이틀이지 이 친구 때문에 수행에 집중할 수 없다고 생각한 제자들이 스승님께 일러바치고 어떤 조치를 취해주길 바랐다. 하지만 스승은 이미 다 알고 있다는 듯이 아무런 조치도 취하지 않았다. 제자들은 참다 못해 그 친구를 스승 앞으로 불러낸 채로 단체행동을 취했다.

"스승님, 밤마다 나가서 술에 취해 들어오는 이 친구 때문에 저희가 수행에 집중할 수가 없습니다. 조치를 취해주셨으면 합니다."

"그래, 내가 어떻게 했으면 좋겠느냐?"

"계율을 어기며 대중의 화합을 해치는 저 친구를 쫓아내야 한다고 봅니다."

"그게 정말 너희들의 뜻이란 말이냐?"

"예, 그렇습니다."

"내가 쫓아내지 않으면 어떻게 할 건데?"

"그러면 우리 모두가 나가겠습니다. 매번 계율을 어기는 저런 친구하고는 함께 수행할 수가 없습니다."

스승은 굳은 결기를 보이는 제자들을 훑어보았다. 그리고 잠시 뜸을 들였다가 말했다.

"그래, 그러면 어쩔 수 없구나. 너희들 모두가 짐을 싸고 나가도록 하여라."

제자들은 깜짝 놀라며 스승에게 따지듯이 말했다.

"스승님, 잘못은 이 친구가 했는데 왜 우리한테 나가라고 하시는 겁니까?"

제자들의 원성을 들으며 안쓰러운 표정을 지은 스승이 또 잠시 뜸을 들였다가 제자들을 돌아보며 말했다.

"너희들은 이제 계율을 지킬 줄 아니 그 어디를 가도 잘 수행할 수 있지 않겠느냐? 이 녀석은 아직 계율도 지킬 줄 몰라 여

기서도 말썽을 피우는데, 여기서 쫓아낸다면 누가 잘못을 깨
우쳐 줄 수 있겠느냐? 그러니 너희들이 나가야 하는 것이 옳지
않겠느냐?"

"……!!!"

그 순간 제자들은 잘못을 깨닫고 그 자리에서 무릎을 꿇
고 앉아 눈물을 흘렸고, 그 모습을 본 사고뭉치 제자도 눈
물을 흘리며 잘못을 빌고 개과천선을 했다고 한다.

• 공부를 하는 목적은

왜 공부를 하는가?

공부를 통해서 얻으려고 하는 것은 무엇인가?

공부를 하다 보면 간혹 공부를 시작한 첫 마음을 놓치고,
즉 공부의 본래 목적을 놓치고 엉뚱한 곳으로 빠지는 이들
이 많다. 지금도 당장 이 이야기를 통해서 자신이 느끼고
배워서 깨달아야 할 것이 무엇인지를 놓치고 이렇게 생각
하는 이들도 있을 것이다.

'지금 우리에겐 이런 스승이 없는 것이 문제야.'

'지금 우리에겐 이런 스승이 버틸 수 없게 만든 교육제도가

문제야.'

　독자님들 중에 혹시라도 이런 생각을 했다면 정말 진지하게 공부하고자 했던 첫 마음을 챙겨봐야 한다.

　공부는 자신을 찾아가는 과정이다. 공부는 자신을 대상으로 삼아야지, 상대나 외부환경을 대상으로 삼으면 엉뚱한 방향으로 흐르기 마련이다. 남을 탓하는 마음으로는 공부의 본래 목적을 이룰 수 없다. 남을 탓하는 마음이 올라올 때 오히려 그 마음이 올라온 원인을 찾아 자신을 다스리는 쪽으로 방향을 다잡아야 한다.

　제자들이 밤마다 계율을 어기고 술에 취해 돌아오는 친구를 탓하며 그를 쫓아내야 한다는 마음을 일으킨 이유는 무엇인가? 공부의 본래 목적을 놓치고 환경이나 남을 탓하는 마음을 앞세웠기 때문이다. 환경이나 남을 탓하는 것은 누구나 쉽게 할 수 있는 본능적인 일이다. 이런 본능적인 일에 익숙하다 보면 자신의 문제를 해결할 수가 없어 괴로움 속에 살 수밖에 없다.

　공부에 뜻을 세웠다면 매 순간 자신을 챙겨야 한다. 환경이나 남을 탓하는 마음이 올라올 때는 이미 공부의 방향이 잘못되었다는 것을 알아차리고 얼른 첫 마음을 일으킨 공부의 본래 목적을 챙겨야 한다. 스승이 제자들에게 챙겨주려고 한 것이 바로 공부의 본래 목적이었다.

어느 날 스승이 제자들을 앉혀놓고 물었다.

"자갈밭을 편하게 걷는 방법은 크게 두 가지가 있다. 하나는 자갈밭에 비단을 덮는 것이고, 또 하나는 자신의 발에 비단을 씌우는 것이다. 너희들은 어떻게 생각하느냐? 자갈밭을 편하게 걷겠다고 자갈밭에 비단을 덮는 사람과 자신의 발에 비단을 씌우는 사람이 있다면 어떤 사람이 더 현명하다고 보느냐?"

제자들이 이구동성으로 답했다.

"당연히 자신의 발에 비단을 씌우는 사람이 현명하다고 봅니다."

스승은 잠시 뜸을 들였다가 제자들에게 또 물었다.

"세상을 행복하게 살아가는 방법에는 크게 두 가지가 있다. 하나는 세상 모든 사람을 나에게 맞춰가는 것이고, 또 하나는 나를 세상 사람들에게 맞춰가는 것이다. 너희들은 어떻게 생각하느냐? 세상 모든 사람을 나에게 맞춰가는 사람과 세상 모든 사람에게 나를 맞춰가는 사람이 있다면 어떤 사람이 더 현명하다고 보느냐?"

"당연히 나를 세상에 맞춰가는 사람이 현명하다고 봅니다."

"그러하다, 그러하다. 세상 모든 사람을 나에게 맞추겠다는 것은 자갈밭에 비단을 씌우겠다는 것처럼 불가능할 뿐더러 어리석은 짓이고, 나를 모든 세상 사람에게 맞춰가는 사람은 내 발에 비단을 씌우는 사람처럼 현명한 사람이라는 것을 알았으니 그 마음을 언제라도 놓치지 말거라. 이제 너희들의 선택과 실천만이 남았으니라. 알았느냐?"

"예, 잘 알겠습니다."

첫 마음을 낸 이들은 거의 다 공부의 방향을 자신으로 향한다. 그런데 어느 시점이 되면 자신도 모르게 공부의 방향을 자신이 아닌 환경이나 상대로 향하는 경우가 많다. 여기서부터 공부의 전도현상이 생긴다.

행복하고자 사랑하는 사람을 만나 가정을 이룬 부부가 그렇다. 첫 마음을 놓치지 않은 몇 해는 서로에게 맞춰가며 행복을 구가하지만, 어느 시점이 되면 행복하고자 결혼했던 첫 마음을 놓친 채 다투기 시작한다. 시간이 흐르면서 상대에게 맞추던 자신을 놓치고, 자신에게 상대를 맞추려고 하다가 불행을 초래하는 것이다.

공부가 뜻대로 안 된다고 괴로운 마음이 올라올 때는 반드시 잠시 멈춰서 공부의 목적을 챙겨야 한다. 공부의 목적을 수시로 챙기지 않으면 자신도 모르게 공부의 수단에 불과한 것들에 속아서 엉뚱한 길로 들어서서 괴로움을 자초하기 마련이다.

공부는 행복하고자 하는 것이다. 그렇다면 매 순간 행복해야 한다. 주변 환경이나 여건을 핑계로 행복하지 않은 일을 하고 있다면 이미 본래 목적을 놓친 것이다. 나를 환경에 맞추려고 하기보다 환경을 나에게 맞추려는 어리석은 마음이 올라온 것이다. 얼른 그 마음을 내려놓고 자신을 환경에 맞춰가기 위해 행복한 마음을 일으켜 꾸준히 공부를 해나가면 된다.

　옛날에 어느 한 절에 '나무로 만든 부처님(木佛)'을 모시는 절이 있었다. 목불 앞에서 기도를 하면 효험이 뛰어나다고 해서 많은 사람들이 찾게 되었고, 그럴수록 스님들은 목불을 더욱 애지중지 모시고 있었다.

　어느 겨울 저녁에 남루한 차림의 노승이 하룻밤 머물다 가게 해달라고 청했다. 주지스님은 노스님의 행색을 보고 거렁뱅이 정도로 여기고 허름한 뒷방에서 하룻밤을 보내게 했다. 노승은 너무 추워서 잠을 제대로 이룰 수가 없었다. 이대로 밤을 새면 얼어죽을 것만 같아서 모두 잠든 한밤중에 목불을 가져와 도끼로 쪼개서 아궁이에 불을 지폈다. 그렇게 목불로 불을 지핀 방에서 따뜻하게 잠을 잘 수 있었다.

　다음 날 새벽기도를 하러 나온 스님들이 목불이 없어진 것을 알게 되었다. 허둥지둥 목불을 찾던 중에 뒷방 아궁이에서 타다 남은 목불을 보았다. 주지스님이 달려와 크게 크게 화를 내며 죽일 듯이 호통을 치며 말했다.

　"이 거렁뱅이 중아, 부처님을 땔깜으로 쓰다니, 반드시 그 죄를 물어 엄벌에 처할 테니 그리 알아라. 뭣들 하느냐? 당장 저

것을 끌어내거라."

하지만 노승은 놀란 기색도 없이 주지스님을 보고 천연덕스럽게 말했다.

"잠깐만 기다려 보시오. 이제부터 해야 할 아주 중요한 일이 남아 있소."

노승은 아궁이로 가서 불씨 사이를 헤집고 있었다. 그 모습을 본 주지스님이 노발대발하며 소리를 쳤다.

"이 놈아, 뭣하는 짓이냐?"

노승은 천연덕스럽게 말했다.

"이 절의 부처님이 훌륭하다길래 사리를 찾고 있소."

주지스님은 어이가 없다는 듯이 혀를 차며 고함을 쳤다.

"이 정신 나간 놈아, 목불에 무슨 사리가 있단 말이냐?"

그때서야 노승은 정색하고 근엄하게 말했다.

"그렇다면 땔감에 불과한 나무토막을 모셔놓고 객스님이 와도 거렁뱅이 취급이나 하는 당신이 부처님 제자란 말이냐?"

그 순간 주지스님은 뭔가에 뒤통수를 크게 맞은 것 같은 충격을 받고는 멍하니 서 있을 수밖에 없었다.

석가모니 부처님 당시에는 불상이 없었다. 아울러 부처님 당시에는 불교라는 종교도 없었다. 따라서 석가모니 부처님은 불교 신자도 아니었다. 그럼에도 불구하고 석가모니 부처님은 깨달음을 이루었다. 그리고 부처님은 제자들에게 말씀하셨다.

"나를 믿는 자는 나의 종이요, 나의 가르침을 따르는 자가 나의 제자니라."

우리가 부처님을 믿고 따르는 것은 부처님의 종이 되어 원하는 것을 이루게 해달라고 빌기 위함이 아니다. 부처님의 가르침대로, 부처님이 깨달음에 이르신 대로 따라 배워서 궁극적으로 모든 고통에서 벗어난 부처님처럼 되기 위함이다. 석가모니 부처님 당시에는 부처님을 직접 보고 들으며 따라 배울 수 있었지만, 부처님이 열반에 드신 후로 세월이 흐르다 보니 직접 보고 들으며 따라 배울 방법이 없기에 그 대신 불상을 만들어 모시기 시작한 것이 불교다. 그런데 세월이 흐르면서 수행인들이 부처님을 모시기 시작한 본래 목적을 잊어버리기 시작했다. 불상 앞에 효험을 얻기 위해 기도하는 곳이 불교라는 인식이 들도록 만들어 버렸다. 불상을 모시기 시작한 본래 목적은 사라지고 살림살이를 위한 돈벌이 수단으로 변질된 것이다. 물론 목불을 신처럼 모시며 신도들을 불러모으기 급급한 주지스님과 같은 이들의 잘못이 크다고 할 수 있다. 하지만 더 큰 잘못은 부처님이 행하신 대로, 부처님의 가르침대로 따라 배우는 것이 참 수행의 길이라는 것을 놓쳐버린 우리들에게 있다. 이제라도 수행의 본래 목적을 바로 잡아야 한다.

　공부시간에 숙제를 해오지 않고서 고개를 푹 숙이고 있는 제자가 있었다. 스승이 그것이 그의 습관이라는 것을 잘 알고 있기에 이번 기회에 그 버릇을 일깨워주기 위해 그를 보고 물었다.
　"왜 그렇게 풀이 죽어 있는데?"
　"바빠서 숙제를 못해서 죄송스러워서요."
　"누구한테 죄송스러운 건데?"
　"스승님한테 죄송스럽습니다."
　"본인이 숙제를 안 해왔으면 공부를 통해서 그만큼 얻어가는 것이 적어지는 건데 누가 손해를 보는 건가?"
　"제가 손해를 보는 겁니다."
　"그러면 본인한테 죄송해야지, 왜 나한테 죄송해야 하나?"
　"예?"
　"그리고 생각해 봐. 숙제도 안 해온 것이 고개까지 숙이고 있으면 잘하는 짓이야, 못하는 짓이야?"
　"……?!"
　"숙제도 안 한 못된 짓에 고개까지 숙이는 못된 짓을 보태고 있으니 어디서 좋은 일을 찾을 건데?"
　제자는 스승에게 혼나고 있다는 생각에 고개를 더욱 푹 숙이며 인상을 찌푸리며 죽을상을 지었다.

"이것 봐라. 이제 죽을상까지 짓고 있네. 그렇게 잘못한 짓에 잘못한 짓만 보태고 있는 이유가 무엇인가?"

"……?!"

"본인은 지금 숙제를 안 해 온 것을 잘못이라고 하지만, 그보다 더 근본적인 잘못은 공부의 목적을 잃어버린 데 있는 거야? 본인이 이 공부를 시작한 목적은 무엇인가?"

"그야 행복하게 살기 위해서였죠."

"그렇다면 행복하겠다고 공부하는 사람이 지금처럼 숙제도 안 하고, 고개를 숙여 수업을 피하고, 잘못을 지적했더니 인상까지 쓰는 게 잘하는 건가, 못하는 건가?"

제자는 계속 혼난다는 생각에 어쩔 줄 몰라 끝내는 눈물까지 흘리기 시작했다.

"행복하게 살겠다고 공부를 시작했으면 어떤 순간에도 행복한 마음을 놓치지 말아야지. 본인은 지금 공부를 하는 목적을 놓치고 있어. 그러니 당장 그것부터 다시 챙겨봐야 할 거야. 알았나?"

훌륭한 스승은 아무 제자나 혼내지 않는다. 자신의 잘못을 알아차리지 못하는 제자에게 그것만 지적해 주면 공부가 진전될 기미를 보일 때 혼을 내는 방편을 사용할 뿐이다. 그런 점에서 스승에게 혼날 수 있는 제자는 행복한 사람이다. 이제 스승의 말씀을 듣고 지금까지 자신이 모르고 있던 자신의 부족한 것을 채워나가야 공부를 더 진전시킬 수 있기 때문이다.

공부는 모르는 것을 알아가는 것이다. 이것은 다른 말로 자신이 잘못하는 것을 알아차려 지워가는 것이라고 볼 수 있다. 따라서 공부를 잘 하려면 자신의 잘못을 지적받을 때 얼른 '아, 이것만 고치면 내가 더 좋아지겠구나'라고 얼른 보태는 소리로 받아들이는 마음가짐이 필요하다.

공부하다 보면 남의 잘못을 보는 눈이 먼저 발전한다. 따라서 남의 잘못을 지적할 때는 금방 알아듣지만, 자신의 잘못을 지적받을 때는 이성보다 감정을 앞세워 인상을 쓰거나 자리를 회피할 때가 많다.

첫 마음을 일으켜 신나게 공부하던 이들이 어느 순간 첫 마음을 놓쳤을 때 포기하는 이유가 여기에 있다. 공부 중에 잘못을 지적하는 소리를 들을 때 고개를 숙인다거나 과하게 잘못했다며 인상을 쓰는 이들을 보면 겉모습으로는 잘못을 인정하는 것 같지만 본심에서는 자신의 잘못을 지적하는 사람에게 감정을 부리는 것이다. 이런 사람은 그 순간만 벗어나면 언제 그랬냐는 듯이 지적 받았던 잘못을 반복하는 경우가 많다. 본심에서 잘못을 지적하는 소리를 보태라는 소리로 듣지 못하고 '나를 무시했단 말이야'라는 식으로 받아들였기 때문이다.

훌륭한 스승은 이런 심리를 잘 알기에 잘못을 지적해 줄 때 제자가 바로 그 자리에서 알아차리고 받아들일 것을 강요하지 않는다. 제자가 감정이 가라앉힐 시간적 여유를 주고 이성적 판단으로 지적을 보태라는 소리로 듣고 스스로 생각할 시간을 충분히 주고 기다릴 뿐이다.

제자도 공부를 하겠다는 첫 마음을 일으켰을 때는 공부의 목적인 행복한 삶이라는 것을 분명히 알고 있었다. 그런데 시간이 흐르면서, 또 공부가 생각대로 안 되면서, 숙제도 못하는 일이 생겼고, 스승에게 혼날까 봐 죄송하다는 핑계로 고개를 숙이는 일도 생겼고, 잘못을 지적하는 스승의 말을 듣고 인상까지 쓰면서 점점 공부의 본래 목적인 행복과 거리가 멀어지는 감정을 부리게 된 것이다. 행복하기 위해 공부한다면서 행복과 먼 생각과 행동을 하고 있으니 어디서 행복을 구할 수 있겠는가?

공부의 본래 목적을 놓쳐 괴로움 속에서 사는 것은 우리가 일상에서 흔히 겪는 일이다. 자식을 훌륭하게 키워서 행복하게 살고자 하는 부모들이 이런 잘못을 범하고 있다.

"우리 아이가 공부를 못하는데 어쩌면 좋죠?"
"우리 아이가 대학을 포기하겠다는데 어쩌면 좋죠?"
"우리 아이가 게임만 좋아하는데 어쩌면 좋죠?"

이런 부모들이 심각한 문제를 안고 있는 것은 자식을 공부시키는 본래 목적이 잘못된 경우가 많기 때문이다. 자식 문제로 이런 고민을 하고 있다면 먼저 감정을 내려놓고 냉철한 이성으로 살펴봐야 한다. 자식을 공부시키는 본래 목적은 무엇인가?

"누구를 위해서 공부를 시키는 건가요?"
"그야 당연히 아이의 미래를 위해서죠."

부모교육이 힘든 이유가 여기에 있다. 부모들은 자식의 행복을 위해서 공부를 시킨다고 생각한다. 자식을 마음대로 다룰 수 있다고 생각하는 것이다. 하지만 자신도 제대로 다루지 못하는 인간이 자식을 마음대로 다뤄서 행복하게 만들 수 있겠는가?

부모가 자식에게 공부를 시키고 하는 본래 목적이 잘못되었다. 부모가 행복의 주체가 되어야 한다. 자식의 행복을 위해서가 아니라 부모의 행복을 위한 것으로 목적을 바로 잡아야 한다.

"저도 행복하고 자식도 행복하기 위해서 공부를 시킵니다."

적어도 이렇게 행복의 주체로 자신을 먼저 챙겨야 한다. 그래야 자식을 통해 행복할 일을 찾을 수 있다. 지금 당장 자식을 행복하게 하는 일을 찾을 수 있다. 본인이 먼저 행복하게 살며 자식이 매 순간 습관으로 행복을 따라 배울 수 있게 하고, 아이가 자신의 행복을 위해 요구하는 것을 제때 들어주기만 하면 된다. 행복도 습관이라 어려서부터 행복을 느껴본 사람이 행복을 누릴 수 있다. 그렇게 행복을 누린 자식이 부모에게 행복을 줄 수 있는 것이다.

　공부의 목적은 행복이다. 자신이 공부의 본래 목적을 잘 챙기고 있는지 놓치고 있는지는 본인이 잘 알 수 있다. 지금 행복하면 잘 챙기고 있는 것이고, 지금 행복하지 않으면 놓치고 있는 것이다. 잘 챙기고 있다면 계속 행복한 습관을 쌓아가면 되고, 놓치고 있는 자신을 발견했다면 얼른 행복을 챙겨 행복한 일을 해나가면 된다.
　공부를 잘 하고 싶은가?
　항상 공부의 본래 목적인 행복을 챙겨라.

발등에 불 떨어진 듯이
실천하라

옛날 중국의 어느 절에 큰스님이 있었다. 큰스님에게 인정을 받기 위해 객스님들이 수시로 찾아오곤 하였다. 그때마다 큰스님은 제자들에게 차례를 정해 객스님과 법을 겨루게 해서 이긴 사람은 그 자리에서 인정해주었고, 진 사람은 바로 짐을 싸서 절을 떠나게 했다.

이 절에는 애꾸눈 제자가 있었다. 어느덧 삼 년이란 세월이 흘렀지만 배운 것은 돌아서기만 하면 잊고 해서 천덕꾸러기 취급을 받았다. 애꾸눈 제자가 손님을 맞을 차례가 되었다. 그는 내일이면 쫓겨날 것이라는 생각에 안절부절못하다가 밤늦게 될 대로 되라는 심정으로 큰스님을 찾아가서 고민을 털어놓았다.

"큰스님, 저는 머리가 나빠서 배운 것도 돌아서면 금방 잊어버리곤 합니다. 그런데 내일 객스님을 맞아야 하니 걱정이 태산입니다. 쫓겨나면 갈 곳도 없어서 두렵기만 한데 어떻게 하면 좋을까요?"

큰스님은 제자의 진지한 표정을 보고 이렇게 되물었다.

"아주 쉬운 비법이 있기는 한데 내 말대로 따를 수 있겠느냐?"

그동안 수행도 안 하고 뭐 했느냐는 호통이 떨어질 것을 예상하고 눈을 질끈 감았던 제자는 의외로 부드러운 큰스님의 목소리를 듣고 한 줄기 희망을 보았다.

"큰스님, 무슨 일이 있어도 목숨 걸고 따르겠습니다. 제발 비법을 알려주세요."

"너는 네가 무식하다는 것을 알지 않느냐?"

"예, 저는 정말 무식합니다. 금방 배운 것도 돌아서면 잊어버리고 있습니다."

"그래, 네가 무식하다는 것을 알았으면 됐느니라. 그러니 상대가 뭐라고 해도 너는 아무 말도 하지 말고 가만히 있거라. 그러면 반드시 네가 이길 것이다."

큰스님에게 비법을 전수 받은 제자는 다음 날 일찌감치 일어나 목욕재계하고 법복을 깔끔히 다려입고 객스님을 맞을 장소에 가서 가부좌로 참선하는 자세를 취한 채 오로지 큰스님이 가르쳐 준 비법만을 머릿속에 새기고 있었다.

마침내 객스님이 들어왔다. 그는 가부좌를 틀고 입을 꾹 다

물고 있는 애꾸눈 제자를 보고 위압감을 느꼈다. 법을 겨룰 시간이 되었는데도 상대가 아무 말도 하지 않고 있으니 먼저 뭐라도 해야 할 것 같아서 가만히 손가락 하나를 내밀어 보였다. 그 모습을 본 애꾸눈 제자는 화가 너무 났지만 "이기려면 아무 말도 하지 말라"는 큰스님의 말씀을 떠올리며, 손가락 두 개를 손님 앞으로 척 내밀어 보였다. 이번에는 객스님이 손가락 세 개를 펼쳐보였다. 애꾸눈 제자는 더욱 화가 났지만, 꾹 참고 주먹을 불끈 쥐어 객스님 앞으로 내밀었다. 그러자 객스님이 얼른 일어나 애꾸눈 제자에게 큰절을 올리며 말했다.

"아이고, 대단하십니다. 제가 졌습니다."

객스님은 진 사람이 떠나는 규칙대로 절을 떠나기 전에 큰스님을 찾아뵙고 자초지종을 말했다.

"제자분이 얼마나 수행이 얼마나 깊은지 말 한마디 없이 저를 압도했습니다. 저는 오늘 많은 것을 배우고 물러갑니다."

"그래, 무슨 일이 있었는가?"

큰스님이 객스님을 향해 물했다.

"제자분이 가부좌를 틀고 말없이 앉아 있기에 제가 먼저 '우리는 부처님 한 분을 믿고 따라야 한다'는 의미로 손가락 하나를 들어보였습니다. 그랬더니 손가락 두 개를 내밀어 보이며 '어찌 부처님 한 분뿐이냐? 부처님의 가르침도 있지 않느냐?'라고 하더군요. 그래서 제가 '불법승 삼보님을 믿고 따라야 한다'는 뜻으로 손가락 세 개를 들어보였습니다. 그러자 갑자기

주먹을 내밀며 '그 모든 것을 다 하나로 봐야 하느니라'고 하시더군요. 더 이상 제가 어떻게 할 수가 없어서 항복하고 이렇게 큰스님께 인사드리고 떠나려 왔습니다."

객스님이 떠난 뒤에 이번에는 애꾸눈 제자가 씩씩거리며 큰스님을 찾아왔다. 객스님 때문에 화가 몹시 났는데 아직도 풀리지 않는다는 것이었다.

"도대체 무슨 일이 있었기에 그리 화가 났단 말이냐?"

애꾸눈 제자는 스승에게 자초지종을 털어놓았다.

"스승님이 저는 무식하니까 아무 말도 하지 않아야 이길 수 있다고 하지 않으셨습니까?"

"그랬지."

"그래서 스승님 말씀대로 아무 말도 하지 않으려고 가만히 앉아 있는데, 객스님이 들어오기가 무섭게 저를 무시한 채 욕을 하더라고요."

"그래, 뭐라고 욕을 했는데?"

"아, 글쎄 손가락 하나를 내밀며 '너는 눈이 하나뿐이구나!'라고 하잖아요. 저는 화가 났지만 말할 수 없어서 '나는 하나여도 우리 스승님은 두 개니 함부로 욕하지 말라'는 뜻으로 손가락 두 개를 내밀어 보였죠. 그랬더니 이번에는 손가락 세 개를 쑥 내밀면서 '네 눈과 스승의 눈을 합쳐봤자 세 개밖에 더 되느냐?'라고 하더군요. 너무 화가 났지만 '말하면 진다'는 스승님의 말씀을 새기며 입을 꾹 다물고 '너 죽을래?'라고 주먹을 내밀었더니, 그때서야 객스님이 겁을 먹었는지 '아이고, 제가 잘못했습니다' 하고 얼른 꼬리를 내리더군요. 덕분에 이기기는 했지만, 아직도 그 생각만 하면 화가 나서 참을 수가 없습니다."

공부란 모르는 것을 알아가는 것이다. 열심히 공부하는 이들이 어느 한 순간 길을 잃고 빠지는 함정이 바로 지식의 늪이다. 지식이 많은 사람은 자신이 안다는 착각에 빠져 자신이 아는 대로 행동하는 경우가 많다. 그런 점에서 <애꾸눈 이야기>는 그냥 웃고 넘길 이야기가 아니다.

• 비록 식공부는 뒤처지더라도

애꾸눈 제자는 식공부로는 객스님에 비해 분명히 뒤처진 인물이다. 자신도 스스로 알고 있다. 객스님은 큰스님한테 인정을 받으려고 찾아온 것만큼 식공부를 많이 한 사람이다. 선문답과 전문용어를 구사하는 것으로 봐서 애꾸눈 제자보다 훨씬 뛰어난 식공부를 했다는 것을 알 수 있다.

그런데 어쩌다 애꾸눈 제자에게 무릎을 꿇게 된 것인가? 여기에서 우리는 두 인물을 통해 공부에 임하는 자세를 배울 수 있다.

성품공부를 할 때 애꾸눈 제자는 우리가 배워야 할 점이 많은 인물이다. 먼저 그는 자신이 무식함을 잘 알고 있었다. 무식하기에 여기에서 밀려서 쫓겨나면 갈 데가 없다는 절박함을 갖고 있었다. 절박함은 시험 전날 스승님을 찾아가서 이기는 방법을 알려달라고 묻는 힘을 갖게 했다. 또한 제자로서 스승에 대한 절대적인 믿음을 갖고 있었다. 그 절대적인 믿음은 객스님이 내미는 손가락이 자신을 욕하는 것이라고 생각하면서도 참을 수 있는 인내력의 원천이 되었다. 즉 제자는 우리에게 자신의 무식함을 아는 것, 절박함을 갖는 것, 모르면 묻는 것, 스승에 대한 절대적인 믿음, 하기로 했으면 끝까지 버티는 인내력을 몸소 실천으로 보여준 인물인 것이다.

　객스님은 성품공부를 할 때 반드시 반면교사로 삼아야 할 인물이다. 큰스님한테 공부를 인정받고자 왔을 정도면 오랜 시간 수행한 스님임이 분명하다. 그는 안다는 식에 빠져 있었고 절박함도 없었다. 그러다 보니 식공부로 배운 선문답만 흉내내면서 상황파악을 제대로 하지 못했다. 식공부가 발달한 사람일수록 이런 경우가 많다. 이 사람이 성품공부만 제대로 했다면 애꾸눈 제자에게 "주먹을 내민 이유가 무엇입니까?"라고 묻기만 했어도 충분히 이겼을 것이다.

객스님과 같은 자세로 공부하는 이들은 점점 공부와 멀어지는 길로 들어설 확률이 높다. 공부하는 이들이 정말 경계해야 할 인물이다. 객스님이 안다는 식을 내려놓고 공부에 대한 절박함을 가졌다면 큰스님을 뵌 자리에서 "제가 무엇을 잘못해서 졌을까요?"라고 묻기라도 해서 자신의 잘못된 공부법을 알아차렸어야 했다. 하지만 그는 큰스님 앞에서도 끝까지 자기가 아는 쪽만 선택해서 자신의 식대로 말하고 돌아갔다. 이러한 잘못된 식공부의 틀을 깨기 전에는 공부가 제대로 될 수가 없으니 제삼자의 입장에서 볼 때는 그저 안타깝기만 한 인물인 것이다.

우리 주변에는 이런 이들이 참 많다. 식공부가 발달하면서 안다는 착각에 빠져 자기식대로 판단하고 행동한다. 누군가가 아니라고 말해줘도 듣지 않을 뿐더러 자신이 뭘 모르는지를 모르기에 질문도 할 줄 모른다. 심지어 질문하더라도 자신이 아는 답이 나오지 않으면 알아듣지를 못하거나 상대가 잘못 아는 것이라고 평가를 해버리니 노력에 비해 공부의 진전이 이뤄지지 않는다. 오로지 느는 것은 식뿐이고, 그 식으로 닦아가야 할 성품공부와는 점점 먼 길로 빠지게 되니 괴로움에서 벗어날 길이 없다.

따라서 자신이 아는 것은 많은데 원하는 것이 뜻대로 이뤄지지 않아 괴로운 사람은 자신이 지금 객스님처럼 성품공부와 먼 공부만 하고 있음을 알아차려야 한다. 얼른 객스님의 행동을 반면교사로 삼아 바로 지금 공부의 방향을 바로 잡아야 한다.

• 사기꾼이라고? 내게는 스승인데?

배우를 꿈꾸는 청년의 이야기다. 가난해서 정식으로 배울 기회를 갖지 못했다. 이 사람 앞에 유명한 배우들과의 친분을 과시하는 전문가라는 사람이 나타났다. 그는 청년에게 훌륭한 배우가 되려면 먼저 대중 앞에 스스럼없이 설 수 있어야 한다고 했다. 훌륭한 배우가 되고 싶으면 먼저 숫기를 없애야 한다며 지하철에서 물건을 팔아오라고 잡동사니가 들어 있는 가방을 내밀었다. 청년은 맞는 말이라고 생각하고 가방을 들고 나섰다. 자신의 끼를 발휘해서 상품을 다 팔았다. 전문가라는 사람은 청년이 벌어온 돈을 한 푼도 남기지 않고 챙겼다. 그 모습을 보고 청년의 친구가 따졌다.

"물건을 팔아왔으면 알바비라도 줘야 하는 것 아닙니까?"

그러나 전문가라는 사람은 뻔뻔하게 말했다.

"나는 지금 청년에게 알바를 시키는 게 아니라 배우가 되는 법을 가르치고 있는 거야. 그러면 당연히 수업료를 내야 하는 것 아냐? 그런데 알바비라니?"

친구는 청년에게 "저 사람 사기꾼이니 속지 말라"고 했다. 하지만 청년은 배우가 되기 위해서는 그 사람에게라도 배워야 한다는 일념으로 묵묵히 따라 했다. 청년이 어느 정도 물건을 팔아오자 사기라는 것이 탄로날까 봐 전문가라는 사람이 방법을 바꿨다. 먼저 수업료는 싸게 해준다며 있는 돈을 다 내놓으라고 했다. 청년이 주머니에 있는 돈을 다 털어서 내밀자 그 돈을 얼른 받고 말했다.

"훌륭한 배우가 되려면 먼저 자신만의 개인기가 하나 정도는 있어야 해. 동물원에 가면 원숭이가 있으니 거기서 원숭이를 따라 해 봐. 원숭이 개인기를 갖추는 거지."

그 사실을 알게 된 친구가 청년에게 말했다.

"그 사람 사기꾼이 분명해. 그 사람과 빨리 떨어져."

"배우가 자신만의 개인기를 가져야 한다는 말은 맞잖아. 나는 오늘부터 동물원에 가서 연습할 거야."

그가 동물원 원숭이 앞에서 흉내를 내기 시작하자 사람들이 그를 보기 위해 모여들기 시작했다. 그는 더욱 신이 나서 원숭이 흉내를 완벽하게 익혔다. 마침내 배우 오디션이 있었고, 청년은 원숭이 연기를 완벽하게 펼쳐 합격했다. 본격적으로 배우의 길로 나서게 된 것이다.

그 무렵에 전문가라는 사람은 다른 사람에게도 똑같이 행세하다 사기죄로 몰려 경찰에 잡혀갔다. 친구가 청년에게 그 사실을 알려주며 자신이 말한 대로 그는 사기꾼이 맞았다고 했다. 그러자 청년은 친구를 보며 말했다.

"그래도 그는 나를 배우로 만들어준 분이야."

전문가라는 사람도 분명히 훌륭한 배우가 되는 법을 알았지만 사기꾼이 되었다. 하지만 사기꾼한테 배운 청년은 훌륭한 배우가 되었다.

무엇이 차이를 만들어낸 것일까?

사기꾼도 어디선가 배운 게 있어서 훌륭한 배우가 되는 법을 알았다. 하지만 그에게는 배우가 되겠다는 절박함이 없었다. 이에 반해 청년은 배우가 되겠다는 절박함이 있었다. 비록 사기꾼한테 배웠지만 그는 배운 것을 그대로 따라해서 꿈을 이룰 수 있었다.

• 공부를 할 때 만나는 감정

마음공부를 통해 모르는 것을 알아갈 때 우리는 설렘과 부끄러움과 두려움이라는 감정을 만난다. 따라서 마음공부를 잘 하려면 먼저 이러한 감정을 잘 다룰 수 있어야 한다.

- **설렘**

설렘은 첫 마음을 일으킨 이들이 새로운 경험을 하면서 만나는 긍정적인 감정이다. 대개 절박한 마음으로 공부에 임한 이들이 더욱 그렇다. 믿고 따르기만 하면 뭐든지 금방 될 것 같은 마음이 겉으로 드러난다. 마치 사랑하는 사람이 어떻게든 밝은 티를 내서 '나 사랑하고 있어'라고 온몸으로 표현하는 것과 같다.

설렘은 적극적으로 질문하고 대답하고 실천하는 중요한 에너지원이다. 절박함이 지금보다 나아질 수 있다는 설렘을 불러일으키고, 설렘이 적극적으로 공부에 임하는 에너지로 작용하는 것이다.

첫 마음을 일으켰을 때의 설렘을 잘 유지하고 있으면 이후에 부끄러움이나 두려운 감정이 올라올 때 이를 극복하는 에너지로 쓸 수 있다. 마치 결혼 초기에 사랑밖에 몰랐던 부부가 이때 좋았던 감정들을 잘 유지하고 있으면, 사랑의 콩깍지가 벗겨지면서 갱년기니 뭐니 하며 어려운 일을 겪을 때 좋았던 시절을 떠올리며 잘 극복하는 에너지로 쓰는 것과 같다.

• 부끄러움과 두려움

부끄러움과 두려움은 어느 정도 공부가 진행된 사람들이 주로 만나는 감정이다. 주로 자존감이 낮은 사람들이 식공부가 발전하면서 알기는 알겠는데 자신의 뜻대로 안 되는 경험을 하면서 만나는 감정이다. 이들은 점차로 질문이 없어진다. 가르치는 사람의 관점으로 볼 때는 분명 공부의 진전이 이뤄지는 것인데, 당사자는 자꾸만 자신의 부족한 점만 보게 되니까 위축이 된다. 게다가 식이 늘어나면서 '그것도 모르냐?'는 소리를 들을까 봐, 부끄러움이나 두려움이라는 감정에 속아 질문도 줄어들게 된다. 자기식대로 공부를 이해하고 받아들이면서 점점 공부와 멀어지는 길로 빠지는 경우가 많다.

부끄러움과 두려움은 공부를 방해하는 부정적인 에너지다. 하지만 그동안 모르고 지었던 죄를 알아가는 과정에 겪는 경계이기에 좋은 일이 분명하다. 그러니 긍정적으로 받아들여 모르고 짓던 죄에서 벗어나기만 하면 된다.

부끄러움과 두려움은 사람에 따라 다르게 나타난다. 따라서 이 감정으로부터 벗어나는 방법도 사람에 따라 다르니 먼저 자신의 스타일을 찾는 것이 중요하다.

• 부끄러움을 만날 때

평소에 남 앞에 서거나 새로운 일을 하려고 할 때 얼굴이 빨개지며 부끄러워서 일을 제대로 하지 못해 손해를 보는 사람들이 공부하다 보면 부끄러움을 많이 만난다. 업이든 트라우마든 내면에 자리잡고 있어서 모르고 있을 때 본인에게 손해를 끼치던 부정적인 감정이다. 이제 공부를 통해 알았으니 얼른 내려놓기만 하면 된다. 하지만 이런 사람일수록 자존감이 낮은 경우가 많아 공부를 통해 알아가는 부끄러움이 공부하면서 생기는 것으로 여겨 힘들어하는 경우가 많다. 그래서 부끄러움을 못 이겨 포기하는 경우가 생긴다. 참으로 안타까운 일이다.

자신이 이런 스타일이라면 부끄러움을 긍정적으로 받아들여 더욱 적극적으로 자신을 표현하는 노력을 기울여야 한다. 자신에게 긍정적인 피드백을 해주는 사람을 만나기 위해 공부판을 더욱 찾아야 한다. 공부판에 모이는 사람들은 대부분 긍정적인 사람들이 많다. 공부판에서 적극적으로 자신의 이야기를 하며 부끄러움을 극복하도록 노력해야 한다. 공부 중에 올라오는 부끄러움은 오히려 공부가 익어가는 과정이라는 것을 확인할 수 있다. 이런 스타일은 남들이 보기에는 결코 부끄러운 일이 아닌데 본인만 느끼는 부끄러움의 감정일 확률이 높다.

부끄러움을 잘 표현하면 재물이 들어온다고 했다. 연예인이나 사교성 좋은 영업자들이 부끄러움을 잘 표현해서 사회적으로 성공을 거두는 것과 같다. 이들은 사람들에게 기쁨을 준다.

하지만 이런 스타일의 사람들이 공부하면서 두려움을 느꼈을 때는 정말 조심해야 한다. 이때는 자신도 모르게 남을 해치는 짓을 하고 있다가 공부를 하면서 그것이 안 좋은 일이라는 것을 알아차리기 시작하니까 두려움이 올라오는 것일 확률이 높다. 이런 사람은 두려움이 올라오는 일을 직시하고 평소에 자신이 하던 일 중에 마음에 걸리는 일은 얼른 멈춰야 한다. 그동안 모르고 지었던 죄를 이제 공부를 통해 알았으니 바로 멈추는 노력을 기울여야 한다. 알면서 계속 죄를 짓는다면 그 죄과는 더욱 클 수밖에 없다.

• **두려움을 만날 때**

평소에 남 앞에 서거나 새로운 일을 하려고 하면 얼굴이 하얗게 사색이 되면서 굳어버리는 바람에 일을 제대로 하지 못해 손해를 보는 사람들이 공부를 하다 보면 불쑥불쑥 올라오는 두려움을 만날 수 있다. 남들은 쉽게 하는 것을 자신은 두려움이라는 감정에 속아 시도조차 하지 못해 본인에게 손해를 끼치는 감정이다. 이제 공부를 통해 알았으니 올라오는 두려움의 감정을 내려놓기만 하면 된다.

이런 스타일의 사람은 새로운 일을 해야 할 때 두려움이 올라오면 '까짓거 죽기밖에 더하랴'라는 마음으로 두 눈 딱 감고 일단 해놓고 봐야 한다. 두려움을 극복하면 새로운 것에 대한 성취감을 맛볼 수 있다. 지금까지 몰랐던 경계를 뚫고 지나가 지금까지 경험하지 못했던 새로운 세계를 경험하기 때문이다. 신대륙을 개척한 모험가라든지 정보사회를 선도하는 진취적인 리더들이 두려움을 잘 극복해서 위인으로 이름을 날리는 것과 같다.

하지만 이런 스타일의 사람들이 공부하면서 부끄러움을 느끼게 되면 얼른 멈춰야 한다. 평소에 자신도 모르게 하던 부끄러운 행동을 이제 공부하면서 알게 된 것이니 얼른 멈춰서 더 이상 부끄러운 짓을 하지 말아야 한다. 이런 사람이 부끄러움을 만났는데도 잘 표현하라고 했다고 계속 하면 그야말로 '나는 알면서 하는 거야'라는 식을 앞세우며 공부를 잘못 활용하는 어리석은 짓을 하는 것이다.

평소에 외향적인 성격으로 직설적인 화법을 구사하는 사람이 있었다. 그는 자신의 감정에 취할 때는 육두문자도 서슴없이 쓰곤 했다. 사람들은 그가 워낙 강하게 나오니까 부딪히기 싫어 그가 무슨 말을 하면 얼른 끝나기를 기다리는 심정으로 입을 다물기 시작했다. 그럴 때마다 그는 자신이 말을 잘해서 상대를 제압했다는 착각에 빠지곤 했다. 하지만 그는 그렇게 스스로 고립되어 갔다. 그가 공부판에 들어와서 고민을 털어놓기 시작했다.

"저는 항상 잘 한다고 말하는데, 왜 인사고과만 되면 안 좋은 평가를 받게 되는 걸까요?"

평소 그의 스타일을 잘 아는 선생은 살짝 말을 돌려서 물어보았다.

"욕을 알고 하는 것이 좋을까요? 모르고 하는 것이 좋을까요?"

그는 이미 모르고 짓는 죄가 나쁘다는 것을 배웠기에 망설임 없이 말했다.

"그야 모르고 하는 것보다 알고 하는 것이 좋겠죠? 적어도 욕을 했다는 것을 알았으니 결과에 대한 대책도 세울 수가 있을 테니까요."

"본인은 욕을 알고 하는 편인가요? 모르고 하는 편인가요?"

"……?!"

"왜 대답을 못하나요?"

"글쎄요, 깊이 생각해 보지 못했네요."

"그러면 지금 간단히 실험 한번 해볼까요? 여기 500자 원고지 두 장이 있습니다. 본인이 아는 욕으로 두 장을 다 채울 수 있을까요?"

"그 정도는 쉽게 채울 수 있지 않을까요?"

그러자 그 자리에 있던 이들이 재미있는 실험이니까 함께 하게 해달라고 했다. 그 자리에서 참석자 모두에게 500자 원고지 두 장씩을 내주고 30분 동안 자신이 아는 욕을 다 채우는 시간을 갖기 시작했다. 30분이 지나자 자신있어 하던 사람이 먼저 포기를 선언했다.

"아무리 쓰려고 해도 더 이상 쓸 수가 없네요."

그는 원고지의 한 장도 다 채우지 못했다. 무슨 말을 썼는지 직접 읽어보라고 하니까 "나쁜 놈, 못된 놈, 개새끼, 소새끼, 말미잘 어쩌고 저쩌고….." 등 단편적이고 직설적인 말들을 몇 마디 하다가 얼굴을 붉히면서 "창피해서 더 이상 못 하겠어요"라며 포기했다. 공부판에 함께 있었던 이들은 굉장히 불편해 했다. 심지어 그럴 줄 알았다며 곁눈질로 못마땅해 하는 이들도 있었다.

이에 반해 평소에 말도 별로 없고 존재감도 없었던 사람이 원고지 두 장을 가득 채웠다. 역시 본인이 직접 읽어보라고 하니까 얼굴이 하얘지면서 깜짝 놀란 표정을 짓더니, 주변 사람들이 박수로 응원을 해주니까 기어가는 목소리로 읽기 시작하더니 발동이 걸리니까 끝까지 슬슬 읽기 시작했다.

"잘난 척하며 자기 말만 늘어놓는 너는 참 나쁘고 재수 없는 놈이야. 넌 생각이라는 것을 못하니까 머리가 골빈 게 맞아. 그 골빈 머리 나한테 줘라. 내가 바람 잔뜩 넣어서 풍선 터트리듯이 터트려 줄게 등등….”

아주 구체적이고 생생한 문장으로 채워진 욕들을 부끄러운 줄도 모르고 읽으니까 그 자리에 있는 사람들이 빵빵 터지기 시작했다. 사람 그렇게 안 봤는데 새롭게 봤다는 표정을 짓는 이들도 많았다. 두 사람의 발표가 끝나자 선생이 대중을 보고 말했다.

“여러분, 두 분의 스타일이 보이죠? 평소에 어떤 사람이 두려움을 느끼고, 어떤 사람이 부끄러움을 느끼는 사람일까요?”

이쯤에서 생각해 보자. 평소에 누가 두려움을 느끼고, 누가 부끄러움을 느끼는 스타일일까? 일반적으로 공부판에서 본인이 잘 표현하는 것은 이미 그 업에 걸리지 않았다는 것을 보여준다. 그 업에 걸렸으면 무의식적으로 회피하는 경향을 보이기에 결코 잘 표현할 수가 없다.

그런 점에서 멍석을 깔아준 공부판에서 욕을 제대로 표현하지 못한 사람이 평소에 부끄러움을 잘 느끼는 사람이다. 이 사람이 직설적인 언어를 구사하고 심지어 육두문자를 쓰는 것은 무의식적으로 부끄러움을 감추기 위한 허세를 부리는 것에 불과하다. 자신이 이런 스타일이라면 공부하면서 올라오는 부끄러움이 있으면 여기에서 벗어나겠다는 절박함을 갖고 더욱 적극적으로 표현하는 연습을 해야 한다. 그렇게 해서 부끄러움을 극복하면 무의식적으로 부끄러움을 감추고 강하게 보이기 위해 직설화법이나 육두문자를 쓰는, 즉 자신도 모르고 짓는 죄를 알아차리며 줄여나갈 수 있다.

이에 반해 평소에는 말도 별로 없다가 공부판에서 멍석을 깔아주니까 기상천외한 욕을 부끄러움도 없이 슬슬 표현하는 사람은 평소에 두려움을 잘 느끼는 사람일 확률이 높다. 이런 사람은 엉뚱한 짓을 해서 사람들을 웃기는 일을 잘 한다. 내면에 자리잡은 두려움을 극복하기 위해 스스로 터득한 삶의 방식일 수가 있다.

자신이 이런 스타일이라면 공부하면서 두려움이 올라올 때는 이런 업에서 벗어나겠다는 절박함을 갖고 '이까짓거 못할 게 뭐야?'라는 각오로 더욱 그 두려움을 뚫고 일단 해야 할 일을 해놓고 보는 연습을 해야 한다.

• 무논에서 바늘을 찾는 마음으로

조계종의 초대 종정이신 효봉선사는 일제 강점기에 판사로 부임할 때 독립운동가에게 사형선고를 한 후 죄책감에 빠졌다. 전국을 헤매다가 출가를 결심하고 어느 절을 찾아갔다. 절 입구에서 노스님을 만나 출가할 결심을 밝혔다. 그러자 노스님은 바늘 하나를 모내기가 끝난 논으로 던지며 이것을 찾아오면 제자로 받아주겠다고 했다. 출가의 길이 이처럼 어려우니 애초에 꿈도 꾸지 말고 포기하라는 뜻이었다. 그런데 스님은 포기하지 않고 논으로 들어가 바늘을 찾기 시작했다. 온몸에 흙탕물을 뒤집어쓰며 논을 헤집더니 기어이 찾아내고야 말았다. 노스님은 약속한 것이 있어서 제자로 받아주었다.

　노스님은 제자를 자신이 품기에는 너무 크다는 것을 알고 다른 곳으로 보내 공부를 하게 했다. 38살이라는 늦은 나이에 출가해서 남들보다 늦었다는 절박함을 가진 스님은 더 열심히 수행에 임했다. 한번 참선하려고 앉으면 일어날 줄을 몰라 오죽하면 온돌 아랫목 뜨거운 방석에 엉덩이가 눌러 붙을 정도였다고 한다. 그렇게 절박한 마음으로 수행에 임해 마침내 높은 수행의 경지에 올라 많은 이들에게 존경을 받았다.

공부하다 보면 실천하는 방법을 모르는 이들은 거의 없다. 하지만 정작 실천에 옮기는 사람은 많지 않다. 첫 마음을 일으켰을 때는 거의 절박함을 갖는 경우가 많은데, 시간이 지나면서 타성에 젖어들면서 절박함을 잊는 경우가 많다. 이런 이들이 공부하는 과정에서 올라오는 부끄러움과 두려움에 굴복하는 경우가 많다. 절박함은 '더 이상 물러날 곳이 없이 간절히 바라는 마음'으로 공부하는 이가 반드시 가져야 할 자세다.

옛날에 이 마을 저 마을을 떠돌던 거지가 저녁이 되자 어느 마을 어귀에 있는 폐허로 변한 작은 절을 발견했다. 음산한 기운이 돌았지만 노숙보다는 좋겠다 싶어 법당 안으로 들어갔다. 법당은 거의 무너질 지경이었지만 불상 앞에는 소박하게 차려진 공양물이 있었다. 거지는 이게 웬 떡이냐 싶어 허겁지겁 먹고는 불상 앞에서 잠이 들어버렸다. 아침이 되자 법당 밖에서 인기척이 나더니 젊은 아낙이 들어왔다. 거지는 피할 겨를이 없어 덮고 자던 거적때기를 뒤집어쓰고 말똥말똥 앉아 있을 수밖에 없었다.

아낙은 시집살이가 너무 고달파서 부처님께 공양을 올리며 기도하던 중이었다. 거지를 보는 순간 그동안 기도를 열심히 했더니 부처님이 소원을 들어주려고 고승을 보내주셨다고 생각했다. 그래서 다짜고짜로 거지 앞에 가서 고민을 털어 놓았다.

"시어머니가 시집살이를 고되게 시키시는데 제가 어떻게 하면 좋을까요?"

거지는 공양물을 먹은 죄가 있어 말을 했다가는 당장 신고라도 할까 봐 겁이 나서 손가락을 들어 입에 갖다 대며 아무 말도 하지 말라는 신호를 보냈다. 아낙은 그것을 보고 말했다.

"아, 시어머니가 무슨 말을 해도 대꾸하지 말고 시키는 대로만 하라는 것이죠?"

거지는 아낙이 빨리 나갔으면 하는 바람으로 고개를 끄덕였다. 아낙은 큰 깨달음을 얻은 표정으로 돌아갔다. 그리고 집에 가서 시어머니가 무슨 말을 해도 대꾸를 하지 않고 시키는 대로만 했다. 시어머니는 무슨 말만 하면 꼬박꼬박 말대꾸하던 며느리가 갑자기 변한 모습에 더이상 잔소리를 늘어놓을 일이 없어졌다. 아낙은 지긋지긋한 시집살이에서 벗어나게 해달라는 소원을 이루었다. 그 후로 아낙은 절에 가서 기도를 열심히 했더니 고승이 나타나서 말 한마디 하지 않고 그 고민을 해결해 주었다고 여기저기 소문을 내기 시작했다.

그때부터 마을에는 일명 <손가락도사> 이야기가 전설처럼 전해져 온다고 한다.

사람은 누구나 자기 고민에 대한 답을 알고 있다. 단지 업에 이끌려 확신하지 못하니 실천하지 못할 뿐이다. 이때 필요한 것이 절박함이고, 그 절박함을 들어줄 귀의처이다. 우리에게는 부처님이라는 든든한 귀의처가 있다. 이제 우리가 챙겨야 할 것은 절박함이다. 절박함을 챙기면 사기꾼을 통해서도 원하는 것을 이룰 수 있고, 거지를 통해서도 괴로움에서 벗어나는 답을 구할 수 있다.

나는 얼마나 절박함을 가지고 있는가?
답은 내 안에 있다.

지금 당장
행복한 일을 하라

"그동안 내가 얼마나 잘해줬는데 이럴 수가 있어요?"

제자가 친구에게 배신을 당했다며 분을 참지 못하고 투덜거렸다. 자신의 억울한 심정을 알아달라는 행동이었다. 그것이 한두 번으로 끝났으면 좋겠는데, 제자는 화가 풀리지 않았는지 며칠째 계속 투덜거리고 있었다. 그러다 보니 배신했다는 친구보다 배신을 당했다는 제자가 더 못나 보이기까지 했다. 이 모습을 지켜보던 스승은 더 이상 봐줄 수 없다고 생각하고 제자를 불러서 말했다.

"내가 재미있는 이야기를 할 테니 들어주련?"

"예, 들려주세요."

스승은 제자가 똘망똘망한 눈망울로 바라보는 것을 보고 잠시 뜸을 들였다가 너그러운 표정으로 말했다.

"옛날에 어떤 사람이 도적에게 쫓기고 있었지. 커다란 강가에 다다랐는데 마침 뗏목이 하나 있었어. 이 사람은 얼른 뗏목을 타고 강을 건넜지. 뒤따라오던 도적은 강을 건널 수가 없어서 마치 닭 쫓던 개가 지붕을 쳐다보듯이 이미 강을 한참 건너고 있는 뗏목만 바라볼 뿐이었지. 얘야, 어떻게 생각하느냐? 이때 뗏목은 이 사람에게 좋은 것이었느냐, 나쁜 것이었느냐?"

"목숨을 살려준 것이니 당연히 좋은 게 아닌가요?"

"그렇지. 그렇다면 생각해 보자. 이 사람이 강을 건넌 다음에 뗏목을 어떻게 해야겠느냐? 버리고 가야겠느냐, 목숨을 살려준 소중한 것이라고 짊어지고 가야겠느냐?"

"당연히 버리고 가야죠."

"왜 그렇게 생각하느냐?"

"뗏목은 강에서 필요한 것인데, 바보가 아닌 다음에야 강을 건넌 후 뗏목을 지고 가는 사람이 어디 있겠어요?"

"그렇다면 이런 경우는 어떻게 생각하느냐? 어떤 사람이 길을 가다가 도적을 만나 모든 것을 빼앗겨 빈털터리가 되었지만 그래도 목숨은 건졌느니라. 도적이 지나간 다음에 이 사람은 훌훌 털고 얼른 그 자리를 벗어나야겠느냐, 억울하다며 그 자리에 주저앉아 있어야겠느냐? 어떤 것이 현명한 방법이겠느냐?"

"아무리 억울해도 그 자리에 있으면 목숨까지 잃을 수 있으니 얼른 자리를 벗어나는 것이 현명한 방법인 것 같습니다."

"그렇지? 그렇다면 친구에게 배신을 당한 사람이 있느니라. 얼른 그동안 친구의 모습을 한 배신자한테 배신을 당했다 생각하고 훌훌 털고 일어나야겠느냐, 이미 배신자가 된 사람을 친구라고 생각하고 친구한테 배신당했다고 투덜거리고 있어야겠느냐? 어떤 사람이 현명한 사람이더냐?"

"······?!"

"이것아, 왜 말을 바로 못하느냐? 강을 건넜으면 목숨을 살려준 뗏목도 버려야 하건만 너는 어찌하여 배신하고 떠나간 사람을 친구라고 생각하고 아직도 머리에 이고 있단 말이냐?"

"······?!"

"새로운 길을 가려면 목숨을 살려준 뗏목도 버려야 하거늘, 새로운 삶을 살려면 도적에게 모든 것을 빼앗겼어도 목숨이라도 건진 것을 다행으로 여기고 훌훌 털고 일어나야 하거늘, 너는 어찌하여 좋지도 않은 과거를 짊어지고 오늘을 살고 있단 말이냐?"

부처님께서 과거에 집착하며 사는 어리석은 중생을 일깨우기 위해 비유로 설법한 것이 '뗏목론'이다. 스승은 제자의 눈높이에 맞춰 '뗏목론'을 펼쳐보인 것이다.

과거심불가득(過去心不可得)
현재심불가득(現在心不可得)

미래심불가득(未來心不可得)

'뗏목론'은 과거는 돌이킬 수 없으니 그 마음을 얻을 수 없고, 현재는 찰나를 스칠 뿐이니 그 마음을 얻을 수 없고, 미래는 영영 만나지 못할 것이니 그 마음을 얻을 수 없다는 『금강경』의 말씀과 일맥상통하는 가르침이다.

과거는 아무리 돌이켜도 되돌릴 수가 없는데 우리는 강을 건넜는데도 뗏목을 이고 다니는 이들을 많이 접한다. "옛날에 저 사람이 어쩌고 저쩌고…." 하면서 지난 일을 머리에 이고서 현재를 괴로움 속에 사는 이들이 다 뗏목을 이고 다니는 사람들이다.

이 얼마나 어리석은 일인가? 현재는 과거의 열매이고, 미래의 씨앗이다. 과거에 어쩌고 저쩌고 했던 괴로움을 지금도 짊어지고 있다면 그것은 바로 지금뿐만 아니라 미래도 괴로움으로 빠트리는 일이다.

• 뗏목보다 못한 티끌과 먼지를 닦겠다고?

1.
몸은 깨달음의 나무요
마음은 밝은 거울과 같나니

때때로 부지런히 털고 닦아서
티끌과 먼지 묻지 않게 하라

2.
깨달음은 본래 나무가 없고
밝은 거울 또한 받침대 없네
본래 한 물건도 없거니
어느 곳에 티끌과 먼지 있으리오

달마대사가 인도에서 중국으로 온 이후 다섯 번째 후계자인 홍인대사가 세상을 떠날 때가 되었다. 그는 떠나기 전에 후계자를 정하려고 제자들에게 그동안 배운 것을 내놓아 보라고 했다.

제자 중에는 출신도 좋고 교리에도 능통해서 많은 추종자를 거느린 신수라는 제자가 있었다. 다른 제자들은 당연히 신수가 후계자가 될 것으로 믿고 아무 반응도 보이지 않았다. 하지만 정작 당사자인 신수는 스스로 자신이 깨달음에 이르지 못했다는 것을 알기에 고민 끝에 아무도 모르게 스승이 자주 지나가는 벽에 위에 있는 첫 번째 글을 써 놓았다. 스승이 글을 보고 깨달음을 인정해주면 자신이 썼다 하려고 꼼수를 부린 것이었다.

"아직 깨달음에는 이르지 못했지만, 이대로만 해도 악도에는 떨어지지 않을 것이다."

스승은 신수의 글을 보고 이렇게 말하며 절에 있는 모든 제자들에게 이대로 실천만 해도 악도에 떨어지지 않을 테니 열심히 외우고 익혀 수행하라고 했다. 그리고 신수를 불러 솔직한 이야기를 나눴다. 신수는 스승 앞에서 공부가 되지 않았음을 부끄러워하며 자신이 후계자가 될 수 없음을 순순히 인정하였다.

그때 절에는 까막눈인 혜능이라는 제자가 있었다. 오랑캐 출신이고 문맹이라 방아 찧는 일만 하고 있었다. 그는 방아를 찧고 있다가 신수의 시를 외우고 다니는 사람들을 통해 자초지종을 듣고 자신은 글을 읽고 쓸 줄을 모르니 누가 좀 도와달라고 해서 두 번째 시를 벽에 써 놓았다. 혜능의 글을 본 스승은 그가 깨달았다는 것을 알았지만, 그 자리에서 후계자로 인정하면 오랑캐 출신이라는 이유로 신수와 그 추종자들이 해치려고 들 것을 알기에 얼른 글을 지우며 이렇게 말했다.

"아직 깨달음에는 이르지 못했다."

그리고 밤에 몰래 혜능을 불러 단 둘이 있는 자리에서 후계자로 인정하는 증표를 물려주면서 말했다.

"지금 너에게 법을 물려줬다는 것을 알면 불량한 자들이 너를 해치려 할 것이다. 그러니 지금 이 곳을 떠나 너의 때가 오기를 기다려야 한다."

스승은 한밤중에 강가에 마련해둔 나룻배에 제자를 태워 손수 노를 저어 강을 건네주었다. 스승의 도움으로 무사히 다른 곳에 정착한 혜능은 그곳에서 더욱 정진한 후 훌륭한 스승이 되어 수많은 제자를 양성해서 중국의 불교가 더욱 융성하게 발전하는데 큰 족적을 남겼다.

  - 『육조단경』에서

스승은 어째서 신수보다 혜능의 글을 높이 평가하고 후계자로 삼은 것일까? 먼저 시에 담겨 있는 비유를 통해 시의 내용을 음미할 필요가 있다. 배경지식으로 '뗏목론'을 염두에 두고 다시 한번 시를 감상해 보자.

몸은 깨달음의 나무요
마음은 밝은 거울과 같나니
때때로 부지런히 털고 닦아서
티끌과 먼지 묻지 않게 하라

신수는 우리의 마음은 거울과 같아서 수시로 티끌과 먼지를 닦아야 한다고 했다. 먼지와 티끌이 쌓이는 것은 과거에 뿌린 씨앗의 열매다. 과거의 안 좋았던 것들이 현재의 열매로 나타난 것이다. 그것은 곧 과거에 강을 건너게 해서 목숨을 살려준 뗏목만도 못한 것이다. 목숨을 살려준 뗏목도 버려야 하거늘 먼지와 티끌로 남은 과거를 버리지 못하고 닦겠다고? 아무리 닦아도 완전히 지울 수 없는 과거를? 설사 완벽하게 지웠다 해도 원상복구에 불과하지 않은가? 신수의 시는 공부의 목적을 티끌과 먼지를 닦는 일에 두고 있으니, 그것도 안 하는 이들보다는 낫지만 공부의 궁극적 목적인 깨달음에는 이르지 못했음을 보여준 것이다.

> 깨달음은 본래 나무가 없고
> 밝은 거울 또한 받침대 없네
> 본래 한 물건도 없거니
> 어느 곳에 티끌과 먼지 있으리오

혜능은 우리의 마음은 티끌과 먼지가 낄 자리가 없는 그 자체라고 했다. 공부에 목적을 바로 지금 해야 할 일에 초점을 두고 있다. 즉 과거는 뗏목처럼 내려놓고 바로 지금 현재에 충실해야 한다는 뜻을 담고 있다. 부처님의 가르침인 '뗏목론'과 『금강경』의 과거심불가득 현재심불가득 미래심불가득과 응무소주 이생기심(應無所住而生其心), 즉 '응당히 머무는 바 없이 그 마음을 일으키라'는 가르침은 정확히 이해하고 있음을 보여준 것이다. 스승이 후계자로 인정한 이유이다.

스승인 홍인대사는 혜능을 나룻배에 태워 직접 노를 저어 강을 건네주는 것으로 '뗏목론'을 현실에서 그대로 실천해 보였다. 제자인 혜능에게 "이제 너도 강을 건넜으니 자신의 가르침에 얽매이지 말고 참 부처님의 법을 전수하라"는 뜻을 이심전심으로 전달한 것이다.

• 뗏목도 버려야 하거늘 원수쯤이야

비유는 성인들께서 제자들이 쉽게 알아듣도록 많이 활용하신 가르침의 방법이다. 따라서 성인들의 가르침을 새길 때는 그 말씀에 담긴 뜻을 비유로도 해석할 수 있어야 한다.

"원수를 사랑하라."

이 말씀도 문자에 얽매이면 '원수'의 사전적 의미인 '원한이 맺힐 정도로 자기에게 해를 끼친 사람'으로만 해석해서 '자기에게 해를 끼친 사람을 사랑하라'는 의미로만 받아들일 수 있다. 그러다 보니 '원수를 사랑하라'는 말을 듣고 '당하고만 살라는 말인가?'라며 그 뜻을 온전히 받아들이지 못하는 이들도 생기게 된다. "원수를 사랑하라"는 말을 이렇게만 해석하는 것은 목숨을 살려준 뗏목도 버려야 하거늘 그만도 못한 원수를 버리지 못하고 사랑하라는 말로 만들어버리는 것이다. 즉 신수처럼 마음에 원수로 새겨진 티끌과 먼지를 지우며 살라는 깨달음에 이르지 못하는 말로 만들어버리는 것이다. 이 얼마나 힘들고 어려운 일인가?

따라서 "원수를 사랑하라"는 말도 그 뜻을 온전히 받아들이려면 '뗏목론'처럼 비유로 새길 수 있어야 한다. 그러면 원수를 '자신이 원하는 것을 하지 못하게 괴롭히는 것'으로 해석할 수가 있다. 지금 행복하고 싶은데 행복하지 못하도록 하는 것을 바로 원수로 보는 것이다. 그러면 원수는 '바로 지금 공부만 강요하는 부모'일 수도 있고, '바로 지금 사랑을 몰라주는 짝사랑'일 수도 있고, '바로 지금 시험을 잘 보고 싶은데 이를 방해하는 그 무엇'일 수도 있다.

그러면 이때 원수를 어떻게 해야 하는가? 상대가, 또는 상황이 아무리 자신에게 원수처럼 굴어도 그냥 사랑하기만 하면 된다. 원수를 뗏목처럼 버리고 바로 지금 사랑할 일만 하면 된다.

그러면 어떻게 원수를 사랑할 것인가? 사랑하는 사람을 보면 저절로 티가 난다. 누가 옆에서 싫은 소리를 해도 크게 거슬리지 않는다. 항상 현실을 긍정적으로 받아들여서 밝은 표정을 짓는다. '원수를 사랑하는 것'도 이와 다르지 않다. 바로 지금, 자신에게 원수로 다가오는 모든 것을 그냥 긍정적으로 받아들이고 사랑하는 마음으로 받아들이면 된다. 그러면 원수처럼 여겼던 '바로 지금 자신이 원하는 것을 하지 못하게 하는 것'들이 점차 사라지고, 자신이 원하는 것으로 바뀌어서 다가오는 경험을 하게 된다.

"원수를 사랑하라"는 말을 '목숨을 살려준 뗏목도 버려야 하거늘 이까짓 시련과 고통을 주는 원수쯤이야!'라는 뜻으로 받아들여 진정으로 원수를 사랑하는 일을 해서 시련과 고통을 이겨낼 수 있는 것이다.

• 배신은 배신자가 하는 것

과거는 지나간 시간을 말한다. 현재는 바로 지금 닥친 시간을 말한다. 미래는 오지 않은 시간을 말한다. 누구나 아는 뻔한 이야기를 다시 한번 강조하는 이유는 현재에 대한 개념을 분명히 짚고 넘어가야 하기 때문이다.

잠시 눈을 감아보자. 바로 지금 자신에게 현재라고 할 수 있는 시간이 얼마나 되는가? 눈 깜짝할 시간보다도 빨리 지나는 것은 다 과거이고, 아무리 눈을 깜짝여도 만날 수 없는 것은 미래다. 실제로 남는 것은 과거뿐이고, 현재는 찰나일 뿐이고, 미래라고 할 수 있는 것은 어느 순간에도 만날 수가 없다. 그러다 보니 현재를 살아야 한다는 것을 알면서도 대부분의 사람들이 과거를 살고 있다. 이미 지나가서 돌이킬 수 없는 과거를 살기에 괴로움에서 벗어날 수가 없다.

‘마음을 거울에 비유하며 때와 먼지를 닦아야 한다’는 신수나 원수를 ‘원한이 맺힐 정도로 자기에게 해를 끼친 사람’이라고 한정 지어서 "원수를 사랑하라"는 말을 해석하고 따르는 것은 과거를 사는 마음이다. ‘때와 먼지’, ‘원수’라는 것은 이미 과거의 산물이기 때문이다. 그러니 과거를 사는 마음으로 언제 현재의 마음을 챙길 수 있겠는가?

이에 반해 혜능처럼 ‘마음은 거울이 아니니 때가 낄 자리가 없다’거나 원수를 ‘바로 지금 자신이 원하는 것을 하지 못하게 괴롭히는 것’으로 해석한다면 과거에서 벗어나 바로 지금 현실에 충실할 수가 있다. 바로 지금 당장 행복한 일만 하면 된다. 찰나로 머무는 현재를 행복한 일로 채우니 행복할 일만 쌓아가게 되는 것이다.

"내가 얼마나 잘해줬는데 친구가 어떻게 배신할 수가 있어?"

이런 말 자체가 과거에 얽매인 것을 보여준다. 배신은 배신자가 하는 것이지 친구가 하는 것이 아니다. 그런데 친구가 배신했다니? 논리적으로 말이 되는가? 물론 감정적으로는 이해할 수 있다. 얼마나 배신의 상처가 크길래 친구가 배신했다고 말하겠는가? 하지만 이성적이고 논리적으로 받아들일 수 없는 일이다. 왜 이런 비이성적이고 비논리적인 일이 생기겠는가? 바로 지금 살아야 할 현재를 제대로 보지 못하기 때문이다. 친구였던 과거에 마음이 매여 살기 때문이다.

이성적이고 논리적으로 생각해 보자. 친구였던 시절은 과거다. 지금은 배신자다. 현재는 바로 지금 자신이 친구를 택하느냐, 배신자를 택하느냐에 따라 결정된다. 어떤 선택을 해야 되겠는가?

과거도 현재도 미래도 친구로 남고 싶으면 바로 지금 친구를 선택하면 된다. 현재도 친구를 선택한다는 것은 '친구가 무슨 사정이 있겠지?'라고 생각하는 것이다. 그래야 논리적으로 맞는 말이고, 바로 지금 현재에 '친구 씨'를 뿌렸으니, 친구를 배신자로 몰거나 욕하고 험담할 일이 없다. 그래야 친구도 반성하고 자신을 믿어준 친구에게 다시 다가올 일이 생길 수 있다.

과거는 친구였지만 현재는 배신자라 생각해서 다시 만나고 싶지 않으면 바로 지금 배신자를 선택해야 한다. 배신자를 선택했다는 것은 '그동안 배신자가 친구의 모습을 하고 다가와서 친구처럼 행동하다가 결정적인 순간에 본심을 드러내고 배신했다'고 생각하는 것이다. 그래야 논리적으로 맞는 말이고, 다시는 친구의 탈을 쓴 배신자를 만나지 않을 씨를 뿌리게 되는 것이다.

그런데 '배신자'인 현재를 보지 못하고 친구인 과거를 살고 있으면 어떤 일이 생기는가? "친구가 배신했다"는 말도 안 되는 모순되는 말을 당연한 듯이 하면서 배신자에게 당한 배신보다 큰 괴로움을 끌어안게 되는 것이다. 친구가 다시 친구로 돌아올 수 있는 길을 아예 차단하는 것이다. 생각해 보라. 친구가 피치 못할 사정으로 배신을 하게 됐는데, 친구라는 사람이 그것을 이해하지 못하고 뒤에서 험담하고 욕이나 하고 있다면 다시 친구로 돌아올 마음이 생기겠는가?

뗏목을 버리듯, 원수를 사랑하듯이 현재를 직시할 필요가 있다.

• 내일을 위해 오늘을 살아야 한다고?

"내일의 행복을 위해서 오늘의 고통은 참으며 살자."

많은 이들이 좋은 말로 받아들이는 말이다. 심지어 이 말을 좌우명으로 쓰는 이들도 있다. 하지만 냉정히 생각해 보자. 우리는 결코 내일을 살 수 없다. 그런데 "내일을 위해 오늘의 고통을 참으며 살자"니 이 얼마나 어려운 말인가? 물론 이 말의 뜻을 분명히 알고 쓰는 이들 중에는 오늘의 '고통'을 즐길 줄 아는 사람들이 있다. 그 고통을 즐긴 사람이 세월이 흐른 뒤에 오늘로 찾아온 내일을 즐길 줄 안다.

하지만 이런 경우는 극소수다. 대부분의 사람들은 말도 안 되는 이런 말에 속아 결코 살 수 없는 내일을 위해 오늘을 괴로움 속에 살고 있다.

행복도 습관이다. 바로 지금 행복의 습관을 들이지 못하면 나중에 행복한 일이 와도 누리지 못해 괴로움으로 떨어질 수밖에 없다. 따라서 언제나 오늘로 올 내일을 행복하게 살려면 이 말은 이성적이고 논리적인 말로 이렇게 바뀌어야 한다.

"내일의 행복을 위하여 오늘, 바로 지금 행복하게 살자."

그래야 오늘 바로 지금 무슨 일이 생겨도 행복하게 살면서 행복하게 사는 습관을 들일 수 있다. 내일이 오늘로 오는 날, 오늘을 행복하게 살 수 있는 것이다.

• **그럼에도 현재심을 잡으려면?**

이론적으로 현재는 눈깜짝할 사이보다도 훨씬 짧은 시간이라 현재심을 얻기란 불가능에 가까운 일이다. 그럼에도 우리는 과거의 업으로 끊임없이 현재를 마주하고, 찰나보다 빠른 시간이지만 그렇게 마주하는 현재의 업으로 미래가 결정되기에 끊임없이 현재심을 잡으려고 노력해야 한다. 그렇다면 과연 현재라고 할 것이 없는 시간 속에서 어떻게 현재심을 잡을 것인가?

첫째는 마음공부를 통해 배꼽 아래 단전을 응시하는 노력을 기울여야 한다. 숨을 들이쉴 때도 단전이 있는 아랫배까지 충분히 들이쉬고 깊게 내뱉으며 어느 순간에도 그곳을 놓치지 않고 응시해야 한다. 단전은 인간의 현재심을 관장하는 곳이다. 선조들이 무슨 일을 할 때 "아랫배에 힘을 주고 하라"는 말이 그냥 생긴 말이 아니다. 바로 지금 자신이 하는 일에 큰 힘을 받을 수 있는 곳이다.

평소에 아랫배가 웃는다고 생각하고 가만히 응시하면 온몸이 환한 기운으로 차는 것을 느낄 수 있다. 그 마음을 유지하면 적극적이고 능동적으로 눈 깜짝할 찰나보다도 짧은 현재심을 긍정적으로 채워나갈 수 있다.

둘째는 수시로 입꼬리를 치켜 올려 미소를 지으며 이마가 환하게 웃는 상을 만들어가야 한다. 이마는 인간의 미래를 보여주는 곳이다. 평소에 부정적인 생각을 많이 하는 사람은 이마가 어둡거나 미간에 고랑이 지는 경우가 많다. 그만큼 자신이 스스로 어두운 미래를 불러들이는 것이다. 따라서 행복한 미래를 원한다면 바로 지금 거울을 보고 미간을 문질러 주름을 펴가며 이마가 환하게 빛나도록 해야 한다. 앞머리도 가급적 짧게 자르거나 뒤로 넘겨서 환한 이마가 드러나도록 하는 것이 좋다. 현재의 밝은 기운으로 미래를 밝게 펼쳐가는 것이다.

셋째는 가슴이 편안하도록 유지해야 한다. 가슴은 인간의 과거를 보여주는 곳이다. 흔히 답답하다는 사람이 "가슴에 한이 맺혀서 그렇다"고 말하는 이유가 여기에 있다. 과거의 업이 한으로 밀려와서 답답증을 만드는 것이다. 따라서 가슴이 답답할 때는 얼른 가슴에 맺힌 한을 풀어낼 수 있어야 한다. 스님을 만나 상담을 자주 하거나, 친구들을 만나 수다를 떨며 자연스럽게 털어놓는 것도 좋은 방법이다. 그렇게 했는데도 풀리지 않는 답답함이 있다면 이때는 다겁 생에 자신도 모르게 지은 과거의 업이 올라와서 그러는 것이니 무조건 부처님 앞에서 참회기도를 해야 한다. 아울러 참회기도만 하는 것은 이미 지난 과거에 연연하는 것일 수도 있으니 동시에 앞에서 했던 첫째와 둘째 방법을 병행할 수 있어야 한다. 밝은 미래를 떠올리며 입꼬리를 올려서 미간의 주름을 펴가며 이마가 환하게 웃는 상을 만들거나 하단전을 응시하며 현재심을 잡고 밝은 미소를 짓는 연습을 함께 해나가야 한다.

부처님 법을 믿는 것은 인과법을 믿는 것이다. 아무리 부처님 법을 따른다 해도 바로 지금 괴로워한다면 그것은 자신이 과거의 뿌린 씨앗을 부정하는 것이며, 인과법을 부정하는 것이니, 이는 곧 부처님 법을 믿는 것이 아니다.

진정으로 행복하고 싶다면 바로 지금 행복한 일을 하라. 수시로 아랫배가 웃는다고 응시하며, 그 기운을 입꼬리로 올려 미간의 주름을 펴고 이마를 밝게 만드는 일을 하라. 매 순간 현재심을 챙겨 행복을 즐기고, 행복의 씨앗을 뿌리며 미래를 즐기는 자신을 만나게 될 것이다.

part2.
기초경전으로 다져가는 발심생활

천수경 훑어보기

귀의 기도

　사람은 누구나 행복하기를 바란다. 지금도 충분히 행복해서 더 바랄 것이 없다면 지금처럼 살아도 좋다. 하지만 지금 충분히 행복하지 않아서 좀더 행복하기를 바란다면 지금까지 노력한 일 중에서 행복하지 않은 일로 빠지게 한 일이 무엇인지 찾아서 얼른 내려놓아야 한다.

　마음공부는 지금과 다른 새로운 삶을 찾아가는 공부다. 지금까지 살아온 삶이 다 만족스럽고 행복한 사람이 마음공부에 관심을 갖는 경우는 거의 없다. 석가모니 부처님도 왕자로 태어나 세속적인 욕망은 모두 이루었지만 궁극적으로 삶이 만족스럽지 않았기에 마음공부의 뜻을 품고 왕국을 떠나 새로운 삶을 찾아가지 않았던가?

　새로운 삶을 찾으려면 지금까지 듣지 못한 새로운 정보를 전달하는 이의 말에 귀를 기울여야 한다. 그런데 이게 참으로 어렵다. 사람은 누구나 자기 업대로 듣고 판단하는 경향이 강하기 때문이다. 따라서 먼저 나 자신이 얼마나 새로운 정보를 전달하는 이의 말에 얼마나 귀를 기울이는지 간단하게 체험학습을 해보자.

• 눈을 감아보세요. 무엇이 보이나요?

새로운 정보를 받아들이기 위해 얼마나 상대의 말에 귀를 기울이는가?

먼저 잠시 마음을 편안히 가져보자.

그리고 지그시 눈을 감았다 10초 후에 눈을 떠보자.

이제 눈을 감았다 떴으면 가만히 생각해 보자.

눈을 감았을 때 무엇이 보였는가?

무엇이 보였는지 아래의 칸을 채워보자.

"   "

이제 다른 사람의 답을 예상해 보자. 눈을 감았다 떴을 때 무엇이 보였냐는 질문을 받았을 때 다른 사람은 뭐라고 대답할 것 같은가? 어떤 대답이 가장 많이 나올까?

대중과 함께 하는 대면강좌에서는 이런 질문을 하면 생각없이 바로 대답하는 이들이 있다. 그들은 대개 이렇게 대답한다.

"아무것도 보이지 않았는데요."

당신도 어쩌면 이렇게 생각했을지 모른다. 10명이면 7~8명이 이렇게 대답을 한다. 당신이 이렇게 대답했다면 다수의 대답을 선택한 것이다. 그렇다고 여기서 만족하지 말고 다시 한번 생각해 보자. 질문을 제대로 못 들었을까 다시 한번 확인해 본다.

"제 질문이 뭐였죠? 무엇이 보였냐는 거였죠? 이때 아무것도 안 보였다고 하면 제 질문을 제대로 들은 걸까요?"

이쯤되면 얼른 눈치를 채는 사람이 있다. 그래서 재차 묻는다. 다시 한번 따라 해보자.

"다시 한번 잠시 눈을 감았다 떠보세요. 무엇이 보였습니까?"

질문의 의도를 눈치 챈 사람이 얼른 대답을 한다.

"캄캄한 게 보였습니다."

그 말을 듣고 옆 사람에게 또 "무엇이 보였습니까?"라고 물으면 눈치를 채는 사람이 늘어나면서 이런 식의 대답들이 나오기 시작한다.

"눈 감기 전에 보였던 선생님의 잔상이 보였습니다."

"캄캄함 속에 하얀 빛줄기를 보았습니다."

어쨌든 이런 식으로 무엇인가 보았다는 대답이 뒤를 이어 나오기 시작한다. 물론 그때까지 전혀 눈치를 채지 못하고 '난 아무것도 보이지 않았는데….'라고 생각하는 사람이 다수를 차지하고 있다.

당신은 어떠한가? 이제 다시 한번 생각해 보자. 눈을 감았을 때 무엇이 보였는가?

"   "

아직도 '난 아무것도 보이지 않았는데….'라는 생각뿐이라면 다시 한번 질문이 무엇이었는지 챙겨보자. 질문은 "무엇이 보였냐?"는 것이다. 이때 필자의 말에 귀를 기울였다면 어떤 답이 나와야 하는가? "캄캄한 것이 보였다", "잔상이 보였다", "하얀 빛줄기를 보았다"와 같이 '무엇인가 본 이야기'를 해야 하지 않는가? 분명히 말하지만 이때 '아무것도 보이지 않았다'는 대답은 질문을 자기 식대로 들은 잘못된 대답이다.

이제 다시 한번 잠시 눈을 감았다 떠보고 무엇이 보였는지 찾아보자. 반드시 뭔가 본 이야기가 나와야 한다. "아무것도 보이지 않았다"는 대답은 상대의 말에 전혀 귀를 기울이지 않고 자기 멋대로, 자기 습관대로 대답한 것이다. 평소에 그런 식으로 상대의 말을 들었기 때문에 지금 아무리 "아무 것도 보이지 않았다"는 대답은 잘못된 대답이라고 해도 알아듣지를 못하는 것이다.

석가모니 부처님 당시에는 직접 법문을 들은 이들은 의견이 갈라져도 바로 부처님을 통해 확인할 수 있었기에 큰 의견 차이가 없었다. 부처님 입멸 후에도 법문을 직접 들은 제자들이 많았기에 의견 차이가 나면 서로 모여 의견조율을 할 수가 있었다. 하지만 부처님 입멸 후 100년이 지나면서 사정이 달라지기 시작했다. 우선 부처님 법을 직접 들은 1세대가 모두 사라졌고, 시대가 변하면서 부처님 법을 그대로 적용하기가 쉽지 않았다. 그러다 보니 부처님 법을 받아들이는 방식이 조금씩 다른 제자들이 서로 다른 부파를 형성하기 시작했다. 그 시기를 부파불교의 시대라고 한다.

그렇게 몇백 년이 흐르면서 그 차이는 더욱 벌어지기 시작했다. 그 중에 가장 대표적인 것이 대승불교와 소승불교다. 대승불교는 부처님 당시와 많이 달라진 시대환경에 맞춰 계율과 교리도 융통성을 보여야 한다며 대중과 함께 하는 불교를 지향한다. 소승불교는 시대가 아무리 바뀌어도 계율과 교리는 바뀔 수 없다며 불교가 세속화되는 것을 경계하며 부처님 당시의 수행법을 고수한다. 계율과 교리의 본질은 같은데 방법론에서 차이를 보이기 시작한 것이다.

대승불교는 중국을 통해 북방지역으로 전래되면서 몽골, 티베트, 일본, 우리나라 등지에 전통으로 자리잡았다. 소승불교는 남방지역으로 전래되면서 스리랑카, 미얀마, 타이, 라오스 등지에 자리를 잡았다. 여기에서 소승불교라는 말은 대승불교를 주장하는 곳에서 상대적으로 낮춰 부르는 말이라 지금은 북방불교, 남방불교라는 말로 대체해야 한다는 주장도 설득력이 있다. 여기에서는 우리나라의 전통 불교를 중심으로 다뤄야 해서 편의상 대중들에게 익숙한 대승불교라는 말을 쓰기로 한다. 결코 소승불교로 폄훼하려는 의도가 아니라는 것을 이해했으면 한다.

우리나라에서는 법회 시작할 때마다 제일 먼저 『천수경』을 독송한다. 『천수경』은 우리나라에만 있는 경전이다. 대승불교에서 중요하게 여기는 보살 중에 한 분인 관세음보살이 설하신 '대비신주(大悲神呪)', 즉 신묘장구대다라니(神妙章句大陀羅尼)를 중심으로 '귀의 < 발원 < 참회 < 발원 < 귀의'의 형식으로 구성되었다.

관세음보살은 아미타불이 계신 극락세계로 중생을 인도하기 위해 자유자재로 몸을 나투시는 보살이다. 어머니처럼 자비한 여성상을 갖춘 것으로 묘사되고 있지만, 어느 한 형상을 갖추고 있는 게 아니라 어머니의 모습으로 제도할 이에겐 어머니로, 아버지의 모습으로 제도할 이에게는 아버지로, 거지의 모습으로 제도할 이에게는 거지로, 심지어 축생으로 제도할 이에게는 축생의 모습으로 나타나 이끌어 주시는 분이다. 관세음보살은 믿지 않는 이에게도 자비심을 베풀어 주지만, 십악업으로 가득 찬 사람들이 아예 믿지 않을 때는 어쩔 도리가 없다. 하지만 그런 사람들이라도 언제든지 도와달라고 이름을 부르기만 하면 대자대비로 가피를 베풀어 주시는 분이다. 결국 관세음보살을 찾는 사람은 부처님께 귀의한 사람이니, 관세음보살의 가피를 받으려면 무엇보다 먼저 부처님에 대한 귀의가 우선되어야 한다.

귀의는 절대적으로 믿고 따르겠다는 의지의 표현이다. 나무불(南無佛), 나무법(南無法), 나무승(南無僧)에서 나무(南無)는 한자 뜻풀이로 해석해서는 안 된다. '돌아가 귀의한다'는 뜻을 가진 산스크리트어 '나마스(Namas)'라는 말을 중국에서 번역할 때 중국식 발음과 비슷한 '南無'라는 글자로 쓴 것인데, 우리는 우리말 발음으로 '나무'라고 읽고 있을 뿐이다. 따라서 나무불, 나무법, 나무승은 부처님과 가르침과 부처님의 가르침을 전달하는 스님들을 절대적으로 믿고 따르겠다는 의지의 표현인 것이다. 뜻을 알고 다시 새기면 불법승 삼보의 귀의하는 마음 자세가 더 새로워질 것이다.

정구업진언
수리수리 마하수리 수수리 사바하(3번)

오방내외안위제신진언
나무사만다 못다남 옴 도로도로지미 사바하(3번)

개경게
무상심심미묘법 위없이 심히 깊은 미묘한 법을
백천만겁난조우 백천만 겁 지난들 어찌 만나리
아금문견득수지 제가 이제 보고 듣고 받아 지니니
원해여래진실의 부처님의 진실한 뜻 알아지이다.

개법장진언
옴 아라남 아라다(3번)

진언은 중국에서 불경을 번역할 때 오불번(다섯 가지 번역하지 않는 ①존중하는 것 ②예전을 따르는 것 ③많은 의미가 있는 것 ④은밀하고 심오한 것 ⑤이 나라에 없는 것)이라 해서 부처님이 쓰시던 산스크리트어와 비슷한 중국 발음의 한자로 음차한 것인데 우리는 한자를 한글로 재차 음차함으로써 원래 발음과 큰 차이를 보이고 있다. 근래에 원래 발음을 그대로 써야 한다며 새롭게 번역하는 시도가 있지만 아직은 전통으로 써온 것을 뒤집지는 못하고 있다.

"수리수리 마하수리~"를 만화나 영화에서 마술을 부릴 때 쓰는 신비한 주문으로 접한 사람들이 많다. 굳이 우리말로 번역하자면 '좋은 일이 있겠구나, 좋은 일이 있겠구나.

대단히 좋은 일이 있겠구나, 지극히 좋은 일이 있겠구나. 원만 성취하겠구나.'로 할 수 있다고 한다. 요즘은 진언을 번역한 책들이 많이 나왔지만 여기에서는 전통에 따라 해석에 초점을 맞추지 않기로 한다.

초발심 불자들은 진언을 『천수경』에서만 접하기에 천수경의 일부로만 아는 경우가 많다. 하지만 발심생활을 이어가다 보면 모든 경전을 독송하기 전에 입과 몸과 마음을 청정히 하는 주문으로 쓰고 있다는 것을 알게 된다.

불교를 부처님을 믿는 종교로 아는 이들이 많은데, 이는 반은 맞고 반은 틀리다. 부처님의 뒤를 잇는 부처가 되기 위해 스승처럼 믿고 따른다는 의미에서는 맞지만, 부처님의 종이 되기 위해 절대적으로 믿고 따르는 게 아니라는 의미에서는 틀린 것이다. 부처님께서도 그 점을 분명히 하기 위해 다음과 같이 말씀하셨다.

"나를 의지하지 말고 나의 법을 의지해서 나의 종이 되지 말고 나의 제자가 되라."

경전을 펼치기 전에 먼저 부처님을 대하듯 먼저 입과 몸과 마음을 깨끗이 하는 진언을 하는 이유는 그만큼 부처님 가르침에 간절히 귀의하겠다는 의지의 표현인 것이다.

천수천안 관자재보살 광대원만 무애대비심 대다라니계청

계수관음대비주 자비하신 관세음께 절하옵나니

원력홍심상호신 크신 원력 원만 상호 갖추시옵고

천비장엄보호지 천 손으로 중생들을 거두시오며

천안광명변관조 천 눈으로 광명 비춰 두루 살피네

진실어중선밀어 진실하온 말씀 중에 다라니 펴고

무위심내기비심 함이 없는 마음 중에 자비심 내어

속령만족제희구 온갖 소원 지체없이 이뤄주시고

영사멸제제죄업 모든 죄업 길이길이 없애주시네

천룡중성동자호 천룡들과 성현들이 옹호하시고

백천삼매돈훈수 백천삼매 한 순간에 이루어지니

수지신시광명당 이 다라니 지닌 몸은 광명당이요

수지심시신통장 이 다라니 지닌 마음 신통장이라

세척진로원제해 모든 번뇌 씻어내고 고해를 건너

초증보리방편문 보리도의 방편문을 얻게 되오며

아금칭송서귀의 제가 이제 지송하고 귀의하오니

소원종심실원만 온갖 소원 마음 따라 이러지이다

부처님 말씀이 아무리 좋아도 믿지 않는 이에겐 들릴 리가 없다. 설사 믿는다 해도 자신도 모르는 기존의 악업을 갖고 있으면 아무리 노력해도 부처님의 말씀을 들을 수가 없다. 부처님의 말씀을 들으려면 먼저 부처님 가르침에 대한 간절함을 가져야 한다. 천수경의 앞부분이 진언과 귀의로 이뤄진 이유를 알면 독송할 때 마음가짐이 간절해질 수밖에 없다.

발원 기도

아약향도산 칼산 제가 지옥 가면
도산자최절 칼산 절로 꺾어지고

아약향화탕 화탕지옥 제가 가면
화탕자소멸 화탕 절로 사라지며

아약향지옥 지옥 세계 제가 가면
지옥자고갈 지옥 절로 없어지고

아약향아귀 아귀 세계 제가 가면
아귀자포만 아귀 절로 배부르며

아약향수라 수라 세계 제가 가면

악심자조복 악한 마음 선해지고

아약향축생 축생 세계 제가 가면
자득대지혜 큰 지혜 절로 얻어지이다.

『천수경』에 담긴 발원은 대승불교의 진수다. 이런 발원을 새기다 보면 '인간의 몸을 받은 것이 최고의 복덕'이라는 말과 '인간은 사회적 동물'이라는 말을 절감하게 한다. 인간의 몸을 받는 것은 마치 삼천 년 묵은 거북이가 모처럼 숨을 쉬려고 물 밖으로 고개를 내밀었다가 마침 떠내려가는 난파선의 판대기 구멍에 목이 끼이는 것처럼 힘든 일이라고 했다. 인간계에서 인간의 몸을 받은 것만으로도 큰 복을 지은 것이 인간이라는 말도 된다.

지옥, 아귀, 축생, 수라, 인간, 천상 등 육도 윤회의 세계에서 유일하게 수행을 통해 부처를 이룰 수 있는 존재는 인간뿐이라고 했다. 천상에서는 이미 많은 것을 갖추었기에 노력할 동기부여가 없어서 부처를 이루기 힘들고, 나머지 네 곳에서는 인간으로서 인간답게 사고하고 판단하는 이성적인 능력을 갖추지 못해 더 나은 미래를 위해 노력할 생각을 일으키는 것 자체를 하지 못해서 부처를 이룬다는 것이 불가능하다는 것이다.

인간계의 인간은 정말 복덕을 많이 누리는 존재다. 겉모습만 인간이고, 실질적으로는 부처를 이룰 수 있는 이성적인 능력을 갖추지 못한 인간도 많기에 우리는 수시로 이성적으로 자신을 살펴야 한다. '인간은 사회적인 동물'이라는 것을 분명히 인식하고 '가장 사회적인 동물'로 살려는 노력을 기울이면 이성적 능력을 갖춘 것이고, 그러지 못하면 갖추지 못한 것이 된다.

축생도 인간처럼 생존을 위해 집단생활을 한다. 하지만 축생은 본능으로 과거의 답습만 이어간다. 이에 반해 인간은 이성으로 과거를 교훈으로 삼아 현재를 창조해 나간다. 인간은 초기에 맹수로부터 살아남기 위해 동굴에서 살았다. 하지만 맹수에 대한 대항력을 키워 들판으로 나와 농경사회를 이루었고, 교육을 통해 인류사회를 발전시키며 만물의 영장으로 우뚝 섰다. 이 모든 것이 다 이성적인 능력을 갖췄기 때문이다. 인간이 축생과 다른 것은 이성적인 능력을 발휘해서 어떤 경우에는 손해를 보더라도 전체를 위한 선택을 하는 것이 자신에게도 가장 큰 이익이라는 것을 분명히 알고 행동한다는 것이다.

대승불교에서 보살들이 이루고자 하는 불국토는 '사회적인 동물'인 인간으로서 가장 이성적인 능력을 발휘해서 세울 수 있는 가장 이상적인 세계다. 불국토를 건설하기 위한 자리이타(自利利他) 사상, 즉 '가장 자신을 위한 것이 가장 타인을 위한 것이고, 가장 타인을 위한 것이 가장 자신을 위한 것'이라는 사상은 이성적인 능력을 갖춘 인간만이 가질 수 있는 사상인 것이다.

두 명의 공범자가 각각 다른 방에 수감되었다. 경찰은 두 공범자를 기소해야 하는데 심증에 비해 증거가 부족해서 2년 형에 그칠 예정이다. 이때 경찰은 심증에 따라 자백을 받아 범죄를 입증하려고 공범을 떼어놓고 심문한다. 그리고 둘에게 똑같은 조건을 제시한다.

"네가 자백하면 정상참작으로 석방할 거야. 대신 네가 자백하지 않고 상대만 자백하면 너는 가중처벌로 10년 형을 받고, 상대는 석방될 거야. 어떻게 할 거야?"

이제 두 공범에겐 네 가지 길이 놓여 있다. 둘 다 자백하지 않으면 2년을 살고, 둘 다 자백하면 5년을 살고, 내가 자백하고 상대가 안 하면 나는 바로 석방되고 상대는 10년을 받게 되고, 반대로 상대가 자백하고 내가 자백하지 않으면 상대는 바로 석방되고 나는 10년 형을 받게 되는 길이다.

이럴 때는 둘 다 가장 이성적인 능력을 갖춘 인간이라면 어떤 선택을 하는 것이 가장 합리적인 것일까?

이것을 '죄수의 딜레마'라 한다. 두 공범은 공동체 의식을 가졌을 때 서로 조금씩 손해를 봄으로써 최선의 선택을 할 수 있다. 하지만 '인간은 사회적인 동물'이라는 사실은 망각하면 더 큰 손해를 보는 선택을 하게 된다.

나만의 이익을 위한 본능으로는 당장 자백하는 것이 현명한 선택일 수 있다. 바로 석방되거나, 또는 10년형의 가중처벌을 면할 수 있기 때문이다. 하지만 이것은 이성적인 판단으로는 결코 내게도 이익일 수가 없다. 상대의 입장도 생각해야 하기 때문이다. 설사 상대가 자백하지 않아 내가 혜택을 보더라도 배신자라는 낙인이 찍혀 살아야 한다. 10년 후에 상대가 석방되어 나왔을 때 어떤 일이 벌어질지도 생각해야 한다.

이제 남은 것은 둘 다 자백하지 않고 함께 2년형을 받거나, 둘 다 자백해서 5년을 받는 것이다. 당신이라면 어느 쪽을 선택하겠는가? 조금이라도 이성적인 능력을 갖췄다면 둘 다 자백하지 않아서 2년을 사는 것이 현명한 선택이라는 것을 알 것이다. 그러나 공범은 어리석게도 둘 다 자백해서 경찰의 의도대로 5년형을 받게 된다.

두 공범은 어쩌다가 이렇게 서로가 손해보는 극히 이기적이고 어리석은 선택을 하게 되는 것일까?

사회는 인간이 짊어져야 할 운명공동체다. 어느 누구도 사회를 떠나서 살 수 없다. 지금 우리는 세계공동체에서 인류공동체의 이상향을 바라보는 자리에 서 있다. 인류를 위하는 것이 나를 위한 것이고, 나를 위한 것이 인류를 위한 것이라는 자리이타의 정신을 더욱 새겨야 할 때다.

『천수경』에 나타난 보살들의 원대한 서원이 그 정신을 분명히 밝혀주고 있다. 지금 인간의 몸을 받아 인류공동체의 일원으로 있는 만큼 궁극적으로 부처가 되기 위해서라도 사회적 동물인 인간으로서 이성적 능력을 발휘해야 한다. 그것이 곧 나도 위하고 상대도 위하는 발원을 세우는 것이다.

여래십대발원문
원아영리삼악도 제가 삼악도에 떨어지지 않길 바라며
원아속단탐진치 제가 탐진치를 속히 끊어지게 하시며
원아상문불법승 제가 항상 불법을 듣기를 원하며
원아근수계정혜 제가 계정혜를 부지런히 닦으며
원아항수제불학 제가 모든 부처님의 가르침 항상 익히며
원아불퇴보리심 제가 보리 구하는 마음 물러서지 않으며
원아결정생안양 제가 반드시 안양에 태어나며
원아속견아미타 제가 속히 아미타부처님을 친견하오며
원아분신변진찰 제가 몸이 티끌처럼 나누어서
원아광도제중생 모든 중생을 제도하길 원합니다

공범인 두 사람이 서로를 믿지 못해 둘 다 자백해서 똑같이 5년을 살게 되는 것은 범죄라는 떳떳하지 못한 짓을 저질렀기 때문이다. 인과법으로 순순히 자백해서 정당하게 5년형을 살고 나오는 것이 최선이어서 그렇게 된 것일 수 있다. 어떤 일을 할 때 서로 믿고 서로를 위하면 본능으로는 손해인 듯하지만 이성으로는 운명공동체의 일원으로서 최선의 이익인 것을 알아도 그 선택을 하지 못하는 것은 자신도 모르게 지은 죄가 발동한 까닭일 수도 있다. 이때는 인과법으로 받을 만한 업보를 받았다고 생각하면 괴로울 일은 없을 것이다.

하지만 '죄수의 딜레마'는 본래 이기적일 수밖에 없는 인간 사회에서 수없이 겪을 수밖에 없는 일이다. 잠시라도 이성의 끈을 놓으면 서로 욕심을 챙기느라 서로에게 더 좋은 선택을 못하고 손해인 선택을 함으로써 괴로움에 빠질 수밖에 없다.

이런 상황에 처하는 것이 괴롭다면 애초에 이런 상황을 만들지 않도록 노력해야 한다. 가장 좋은 방법은 사회의 전 구성원이 부처님께 귀의하고, 발원을 원대하게 세우고, 참회기도를 통해 업장을 닦아서 '죄수의 딜레마'와 같은 상황에 처하지 않도록 노력하는 것이다.

발사홍서원

중생무변서원도 한없는 모든 중생 다 건지오리다

번뇌무진서원단 끝없는 번뇌망상 다 끊으오리다

법문무량서원학 한없는 모든 법문 다 배우오리다

불도무상서원성 드높은 부처님 세계 다 이루오리다

가만히 '중생을 다 건지오리다'는 발원을 새겨보자. 그 순간 나는 이미 중생에서 벗어난 보살이 된다. 우선 내 마음이 충만해지니 그것만으로도 큰 것을 얻은 것이다. 웬만한 고통쯤은 아무렇지 않게 받아들이는 힘이 생긴다. 그렇게 중생을 위하는 마음으로 살게 되니 공범으로 함께 죄를 지을 일이 없다. '죄수의 딜레마'에 빠질 일이 없다. 설사 피치 못할 사정으로 모르고 지은 죄 때문에 『죄수의 딜레마'와 같은 상황을 만나도 미련없이 '그래, 내가 10년을 살 테니 너라도 나가라'는 마음을 먹으면 그 뜻이 전달되어 상대도 같은 마음을 먹고 자백하지 않게 된다. 서로 불신해서 5년형을 받는 것보다 서로 신뢰해서 둘에게 현실적으로 가장 최선인 2년형을 받을 수 있는 것이다. 인과법으로 보면 설사 상대가 자백해서 내가 10년을 살게 되더라도 이렇게 악연을 끊었다고 생각하면 결코 괴로워할 일이 없게 된다.

마음공부는 인간만이 갖춘 이성적인 능력을 발휘해서 지

금까지 살아온 삶에서 더 좋은 방향으로 질적인 성장을 이루는 길이다.

먼저 발원을 원대하게 세워보자. 지금까지 살아온 삶이 만족스럽다면 그 발원을 그대로 밀고 나가도 좋다. 하지만 새로운 삶을 원한다면 지금까지 세우지 못했던 원대한 발원을 세워 그것을 마음공부의 첫발로 삼아야 한다.

그리고 첫발을 잘 내딛기 위해서 『천수경』 독송에 심혈을 기울여 보자. 적어도 법회 때만이라도 반복해서 뜻을 새기며 독송하다 보면, 보살들의 발원이 인간으로서 갖춰야 할 이성적인 능력을 발휘하는 최고의 선택이라는 것을 알게 될 것이다.

참회 기도

귀의와 발원을 굳게 했으면 이제 다겁생래를 거치면서 자신도 모르게 쌓아온 업장을 참회해야 한다. 새로운 것을 채우려면 기존의 것으로 가득 차 있는 마음의 그릇을 비워야 한다. 그러지 않으면 부처님이 아무리 좋은 것을 주어도 받을 곳이 없어 무용지물이 될 수 있기 때문이다.

십악참회

살생중죄금일참회(殺生重罪今日懺悔)
투도중죄금일참회(偸盜重罪今日懺悔)
사음중죄금일참회(邪淫重罪今日懺悔)
망어중죄금일참회(妄語重罪今日懺悔)
기어중죄금일참회(綺語重罪今日懺悔)

양설중죄금일참회(兩舌重罪今日懺悔)

악구중죄금일참회(惡口重罪今日懺悔)

탐애중죄금일참회(貪愛重罪今日懺悔)

진에중죄금일참회(瞋恚重罪今日懺悔)

치암중죄금일참회(痴暗重罪今日懺悔)

『천수경』의 십악업을 살생, 도둑질, 삿된 사랑, 거짓말, 꾸미는 말, 이간질하는 말, 욕하는 말, 탐욕, 성냄, 어리석음 이라는 뜻풀이로만 이해하는 사람들이 많다. 하지만 경전은 한자의 뜻풀이로만 그 뜻을 다 이해할 수는 없다. 그 말속에 담겨 있는 심오한 뜻을 새길 수 있어야 한다.

십악업에 대한 참회는 『천수경』의 핵심이라고 볼 수 있다. 귀의와 발원 다음에 참회기도를 중심에 두고, 다시 발원과 귀의로 끝을 맺는 구조로 경이 이뤄졌기 때문이다. 여기에서는 대승불교 입장에서 『천수경』의 핵심이라고 할 수 있는 십악업에 대해서 구체적으로 다뤄보고자 한다.

1. 살생업, 단호하게 자르고 끊고 찌르고

살생업은 사람을 죽인 것은 말할 것도 없고, 숨을 쉬는 살아있는 모든 동물을 죽인 것에 대한 업을 말한다.

대승불교는 출가수행자인 스님들에게 육식을 금하는 계율을 분명히 하고 있다. 육식은 살생을 전제로 이뤄지기 때문이다. 이에 대해 식물을 죽이는 것도 살생인데, 살생을 금한다면서 왜 식물은 먹느냐고 의문을 표하는 이들이 있다. 이런 의문에 동조해서 식물도 과실이 되어 저절로 떨어진 것만 먹어야 불살생의 계율을 지키는 것이라고 하는 이들도 있다. 하지만 식물까지 불살생의 계율로 지키려 든다면 먹을 것이 없어 자신을 스스로 죽이는 일이 되니 더 큰 살생을 범하는 일이 될 수 있다.

식물은 동물처럼 죽고 죽이는 먹이사슬로 윤회하지 않기 때문에 식물을 섭취하는 것은 괜찮다고 하는 이들도 있다. 불살생의 계율을 교조적으로 받아들이는 이와 융통성 있게 받아들이는 이들에 따라 해석이 달라지는 것을 알 수 있다. 불상생 계율에 대해서는 먹이사슬의 구조 때문에 현재도 여러 의견이 존재하고 있다. 오죽하면 다음과 같은 우화도 생겼겠는가?

불살생의 계율을 지키며 열심히 수행하는 스님이 있었다. 길을 가고 있는데 갑자기 "살려달라"고 외치는 소리를 들었다. 얼른 소리가 난 곳으로 가보니 커다란 구렁이가 토끼를 잡아먹으려 하고 있었다. 스님이 얼른 끼어들며 구렁이에게 말했다.

"살생은 악도에 떨어질 일이거늘 너는 어찌하여 살생을 하려느냐?"

그러자 구렁이가 말했다.

"너는 어찌하여 하나만 알고 둘은 모르느냐? 지금 내가 토끼를 죽이지 않으면 자식들 아홉이 굶어죽을 판인데, 그러면 너는 토끼 하나를 살려 나까지 합쳐 우리 가족 열을 죽여야 한다고 생각하느냐?"

그 순간 스님은 할 말을 잊고 어찌할 바를 몰랐다. 아직 공부가 부족하다 싶어 "아미타불"을 염하며 그 자리를 떠나 다시 수행에 들어갔다. 그때부터 "도로 아미타불"이라는 말이 생겼다는 우스갯소리도 있다.

불살생의 계율은 먹이사슬이 분명한 동물세계에서 피할 수 없는 딜레마다. 자신이 살기 위해선 누군가를 죽여야 하고, 누군가를 살리려면 자신을 죽여야 하는 더 큰 계율을 범할 수 있다.

우리나라 사람들은 부처님이 불살생의 계율로 일체의 육식을 금지한 것으로 알고 있는 경우가 많다. 하지만 석가모니 부처님은 육식을 금하라는 계율을 직접 말씀하지 않으셨다. 아니 걸식을 수행자의 계율로 정한 이상 육식을 금할 수도 없었다. 걸식의 원칙이 주는 대로 얻어먹는 것인데 어떻게 육식을 하지 말라고 할 수 있겠는가? 지금도 걸식을 원칙으로 하는 남방불교에서는 공양을 받는 대로 먹는 풍습을 이어오면서 육식을 금하지 않는다. 초기경전인 아함경 등에는 '나를 위해 죽이는 현장을 목격하지 않은 고기, 나를 위하여 죽인 것이란 말을 듣지 않은 고기, 나를 위하여 죽인 것이라는 의심이 되지 않는 고기'는 삼정육(三淨肉)이라 해서 제한적으로 육식을 허용하고 있다.

대승불교에서는 어떻게 육식을 금지한 것이 부처님의 가르침인 것처럼 여겨지게 된 것일까? 그 원인은 걸식을 위주로 수행생활을 이어갔던 남방불교와 달리 산중에서 자체적으로 공양생활을 유지한 북방불교의 영향을 받은 것으로 알려지고 있다.

중국으로 유입된 불교는 정치적인 탄압을 받으면서 스님들이 산중으로 들어가야 했다. 걸식하기 어려운 상황에서 자급자족의 삶이 필요했다. 중국의 황제 중에는 스님들이 절간에서 수행하는 것을 일하지 않고 무위도식하는 것으로 생각해서 절간을 폐쇄까지 한 경우도 있었다. 절은 더욱 산중으로 들어갈 수밖에 없었고, 그럴수록 더욱 자급자족의 삶이 필요했다. 스님들이 일을 하지 않아 게으르다며 탄압하던 황제가 스님들이 열심히 일하며 자급자족하는 모습을 보고서야 용서해줬다는 이야기도 있을 정도다.

일일부작一日不作 일일불식一日不食
하루 일하지 않으면 하루 먹지도 말라.

당나라 시대의 백장스님의 명언도 이런 사회적 분위기 속에서 나온 말이다. 이때부터 스님들이 육식을 하려면 공양간에서 살생을 해야 하니 아예 육식을 금하는 계율이 나온 것으로 보인다. 이후에는 윤회사상에 근거를 두고 스님들이 육식을 아예 안 하는 계율이 정해진 것으로 보인다. 육식은 동물의 일부를 자신의 몸으로 흡수하는 일이다. 따라서 육식을 즐기다 보면 죽었을 때 생전에 많이 먹어서 익숙해진 동물의 몸으로 들어가서 윤회하게 될 확률이 높다고 한다. 생사 해탈을 통해 윤회를 끊는 것을 목적으로 수행하는 스님들이 굳이 육식을 할 이유가 없어진 것이다.

당나라 때 중국 선불교의 대표 경전으로 자리잡은 『능엄경』은 이런 시대상황을 잘 담고 있다. 『능엄경』은 우리나라 불교에도 큰 영향을 끼치고 있는데 살생과 육식을 엄격하게 금하고 있다. 심지어 풀을 뽑는 것까지 살생으로 보고 하지 말아야 한다고 한다.

아난아, 만약 살생할 마음을 끊지 않고서 선정을 닦는 자는 비유하면 마치 어떤 사람이 스스로 자신의 귀를 막고 소리로 부르짖으면서 다른 사람이 듣지 않기를 구하는 것과 같으니 이러한 것을 가리켜 숨기고자 하면서 더욱 드러내는 것이라고 하나니라. 청정한 비구와 보살들이 길을 다닐 적에 산 풀도 밟지 않

거든 더구나 손으로 뽑는 것이겠느냐? 어찌 크게 자비로운 자
가 중생의 피와 고기를 취하여 배부르게 먹으리요?
 - '능엄경' 중에서

  지금도 『능엄경』의 가르침에 따라 철두철미하게 채식
위주로 수행하는 스님들이 많다. 재가불자 중에도 수행을
위해 육식을 하지 않는 이들도 많다. 아울러 육식을 하는
자체가 살생의 동기를 제공하는 것이니까 살생업으로부터
자유로울 수 없으니까 아예 안 하는 것이 옳다는 신념으로
수행에 임하는 이들도 많다.
  하지만 이런 이들도 육식 위주로 식단이 바뀐 사회 분위
기 속에서 불교의 대중화를 위해 많은 고민을 하고 있는 것
으로 알려지고 있다. 그래서 사회생활을 하는데 어쩔 수 없
이 육식을 해야 한다면 가급적 종류를 가려서 하라는 이야
기도 나오고 있다. 탐욕스럽게 먹어대는 돼지고기를 좋아
하면 그 습성을 닮아 식탐에 빠지거나 육신이 돼지와 비슷
해져서 다음 생에 돼지로 태어날 확률이 있으니 삼가는 것
이 좋다고 한다. 전통 농가에서의 소는 살아서 열심히 일하
고, 죽어서는 몸까지 인간에게 아낌없이 주고 가는 동물이
라 그나마 좋은 습성을 받을 수 있으니 육식을 하려면 가
급적 소고기로 하라는 말도 있다. 개는 인간과 육질이 비슷
해서 개고기를 자주 먹으면 다음 생에 개의 몸으로 들어갈

확률이 높으니 아예 먹지 말라고 한다. 다른 고기는 먹어도 개고기는 절대로 먹지 않는 이들이 많은 이유이기도 하다. 옛날의 깊은 산 속에 살던 고승들이 호랑이와 함께 살 수 있었던 것은 육식을 하지 않았기에 가능했던 일이라는 말도 있다. 호랑이가 인간을 해치는 것은 그 몸에 들어있는 다른 동물의 냄새를 맡고 그러는 것이지 결코 인육을 탐해서 그런 것이 아니라고도 한다.

앞으로 스님이나 재가수행자의 육식에 대한 문제는 불교의 대중화로 육식을 금하는 전통 대승불교를 고수하는 이들이 늘어나면서 사회적인 채식문화를 선도하는 길로 가지 않을까 싶다.

법정스님은 '먹어서 죽는다'는 글에서 크게 세 가지 이유로 육식을 줄여야 한다고 주장한다. 첫째, 육식으로 인해 생기는 비만이나 각종 성인병에서 벗어날 수 있다. 둘째, 육식을 위해 동물을 사육하는데 들이는 곡물의 양이 인간이 생존을 유지하는데 드는 양보다 훨씬 많다며 육식을 줄이면 대재앙으로 치달을 수 있는 식량난도 극복할 수 있다. 셋째, 육질을 좋게 한다며 동물을 사육할 때 항생제를 쓰는 바람에 생태계를 파괴하고 있는데 육식을 줄이면 이 문제도 자연스레 해결할 수 있다. 인류의 미래를 위해서도 우리 모두 귀를 기울여야 할 말이 아닌가 싶다.

불살생 계율은 인류뿐만 아니라 개인을 위해서도 꼭 필요하다. 사람을 죽이는 것은 말할 것도 없고, 동물을 죽이는 것도 당연히 삼가야 한다. 개미나 파리, 모기 한 마리를 죽이는 것도 삼가는 것은 그들의 목숨을 살려 생태계를 유지하는 측면도 있다. 아울러 개인으로서 내 안의 살생습을 줄여나감으로써 세상을 걸림없이 살 수 있는 자비의 종자를 키워나가는 길이기도 하다.

따라서 마음공부를 하면서 육식을 하더라도 불살생 계율을 한번 떠올려보고, 취미로 동물을 죽이는 사냥이나 낚시 같은 일은 하지 않고, 모기나 파리를 만날 때도 불살생 계율을 떠올려 본다면 공부에 임하는 자세가 달라지고 공부의 진척도 훨씬 빨라지는 것을 느낄 수 있을 것이다. 불살생 계율을 통해 내 안의 자비종자를 키우는 것이 무엇보다 중요하기 때문이다.

마음공부를 좀더 깊이 하고자 한다면 여기서 한 발 더 들어가야 한다. 살생을 살아있는 생명을 죽이는 것과 육식의 문제로만 생각하는 이들이 있는데, 우리가 닦아야 할 살생업은 이렇게 실제로 행하는 살생으로만 드러나는 것이 아니라 오래된 습성으로 드러내는 것이 많다. 자신도 모르게 마음 속에 또아리를 틀고 있는 살생업을 닦아가려면 좀더 폭넓게 자신도 모르게 쓰고 있는 살생의 습관을 살펴봐야 한다. 예를 들면 이런 경우다.

"엄마, 나 학원 안 가고 바로 집으로 가도 돼?"
"안 돼!"

살생업이 강한 성품을 가진 사람은 상대의 말이 끝나기가 무섭게 이처럼 매정하게 자르곤 한다. 가시 돋힌 말로 상대에게 상처를 주기도 한다. 입으로 짓는 살생이기도 하고, 자신의 목적을 이루기 위해 단호하게 상대를 자르는 성품이 자리잡고 있으니 뜻으로 짓는 살생이기도 하다.

자신이 평소에 남의 말을 잘 자르거나 자신의 주장만 단호하게 내세우는 이라면 얼른 이것도 살생업이라는 것을 알아차리고 참회해야 한다. 그리고 상대를 방생하는 마음을 일으켜 인정하고 받아들이는 습관을 들여야 한다.

"나 오늘 낚시 갈 건데, 같이 갈래?"
"부처님께서 살생하지 말라고 했는데 어떻게 낚시를 하니?"

친구가 모처럼 낚시로 함께 하자는데 이렇게 한마디로 자르는 마음은 어떤가? 물론 친구가 신심이 두터워 내 한 마디에 얼른 알아들을 사람이라면 꼭 해야 할 옳은 말이다. 하지만 상대는 낚시가 취미라 아무리 말해도 듣지 않을 사람이거나, 또는 토종어종을 보호하기 위해 외래어종을 퇴치하기 위해 낚시에 나서는 활동을 하는 사람이라면 진지하게 살펴봐야 한다. 어쩌면 친구는 좋은 시간을 가지려고 한 말일 수 있는데, 이렇게 단칼에 잘라버리면 어떤 결과를 초래하겠는가? 이것도 자신도 모르는 습관이 저지르는 살생이라고 볼 수 있어야 한다.

이처럼 살생업이 강한 사람은 입과 뜻으로 상대를 단칼에 죽이듯이 해치는 경우가 많다. 다겁생래에 성품이 습으로 지어온 업이라 본인은 알아차리기도 힘들다. 심지어 본인은 그것을 자신의 장점으로 여기는 경우가 많다.

평소에 주변 사람들로부터 자기주장이 강하다는 말을 듣는 사람은 특별히 살생업에 신경을 써야 한다. 자기주장이 강하다는 말은 상대가 듣기 좋게 한 말일 수 있다. 내심은 '당신은 자기주장이 강해서 말이 안 통하는 사람이야'라고 말한 것일 수 있다.

법회시간에 『천수경』을 독경하며 '살생중죄금일참회'를 할 때만이라도 챙겨봐야 한다. 직접 죽인 적이 없고, 육식을 하지 않았다고 '난 살생하지 않았어'라며 남의 일처럼 입으로만 독경할 것이 아니라, 혹시 자신도 모르게 성품에서 습으로 살생을 하고 있지는 않나 챙기면서 기도를 할 수 있어야 한다. 살생업이 강한 사람이 기도를 하다 보면 몸이 아플 때 칼에 찔리는 듯한 통증을 느끼는 경우가 많다. 이때는 괴로워할 일이 아니라 그동안 자신도 모르고 짓는 살생업이 풀리기 위해 나타나는 증상으로 보는 것이 좋다. 치료도 병행하면서 '살생중죄금일참회'를 하다 보면 더 빨리 털고 일어날 수가 있다. 일상에서 자신이 남의 말을 너무 빨리 끊는다거나, 자기주장을 강하게 나타냄으로써 상대의 기를 죽이는 모습을 보게 될 수도 있다. 그것이 살생업이라는 것을 알아차리고 얼른 내려놓을 수 있어야 한다.

살생업은 방생으로 풀어나가야 한다. 예전에는 물고기를 사다 방생하는 의식이 있었지만, 지금은 그런 의식이 자연 생태계를 훼손하는 경우가 생긴다며 금지하고 있다. 따라서 지금은 방생하는 그 마음을 챙겨서 몸과 입과 뜻으로 방생하는 일을 실천해야 한다.

몸으로 실천하는 방생에는 미소가 최고다. 웃음으로써 내 마음도 방생하고 상대도 편안하게 방생해 주는 효과를 얻을 수 있다. 자신의 표정이 험악하다 싶으면 얼른 거울을 보고 미간과 이마를 문지르며 동시에 입꼬리를 올리며 웃는 모습을 만들어 보자. 그리고 평소에 거울 앞에서 미소짓던 모습을 떠올리며 수시로 웃어가며 나뿐만 아니라 상대를 편하게 방생해주는 표정을 짓도록 노력해보자.

입으로 실천하는 방생에는 공감하는 말이 최고다. 자신의 말투가 너무 단호하거나, 남의 말을 중간에 잘 자르거나,

남의 말이 끝나기가 무섭게 부정적인 말로 받아 상대를 무안하게 만들고 있지는 않은지 살펴야 한다. 상대의 말을 끝까지 듣고 동조하는 말이면 "그렇군요. 좋아요."라는 식으로 공감하고, 동조하기 어려운 말이면 "그렇게 생각하는군요. 물론 그럴 수 있지만 제 생각에는~"라는 식으로 공감 후에 자신의 의견을 개진하는 것이 좋다. 가급적 말투는 부드럽게, 남의 말을 끝까지 듣고, 최대한 긍정적인 말로 대꾸하는 노력을 기울이면 입으로 실천하는 방생이 되어 살생업을 풀어나갈 수 있다.

뜻으로 실천하는 방생에는 일단 상대의 말을 긍정적으로 받아들이는 것이다. 사람은 누구나 자신이 옳다는 생각을 가지고 있다. 따라서 내 입장에서는 아무리 잘못된 생각처럼 들려도 상대의 입장에서는 그럴 만한 이유가 있기 마련이라는 것을 알 수 있다.

따라서 상대가 무슨 말을 할 때 부정적으로 들린다면 일단 내 안의 살생업을 살펴봐야 한다. 상대의 말이 틀려서가 아니라 내 안의 살생업이 부정적으로 듣게 만드는 것일 수 있다. 먼저 내 마음을 챙기고 상대의 말을 긍정적으로 듣다 보면, 상대가 스스로 자신의 잘못을 깨닫거나, 내가 반론을 재기할 때 상대 역시 긍정적으로 들어주는 일이 더 많이 생긴다. 뜻으로 짓는 살생업은 일단 상대의 말을 긍정적으로 듣는 습관으로 닦아나가야 한다.

그렇다고 살생업을 무조건 나쁘다고 보면 안 된다. 자신이 몸과 입과 뜻으로 살생업을 짓고 있다는 것을 모르고 지을 때는 내가 원하지 않는 결과를 초래하여 괴로움을 불러와서 나쁜 것이 될 수 있지만, 지금까지 자신도 모르고 지었던 살생업을 수시로 챙기다 보면 꼭 필요할 때 살생업을 발휘해서 과감히 끊어내는 행동을 함으로써 원하는 것을 얻는 결단력을 발휘할 수 있다. 중요한 것은 살생업을 알고 있느냐, 모르고 있느냐는 것이다. 알고 짓는 살생업은 그 결과에 대한 책임을 자신이 지겠다는 마음으로 대처하거나 지계바라밀로 닦아나가면 얼마든지 선업으로 바꿔갈 수가 있다. 지계바라밀을 행하는 것에 대해서는 뒤에서 육바라밀을 다룰 때 더 구체적으로 알려주고 있으니 그때 다시한 번 점검해 봤으면 한다.

2. 투도업, 의심하고 의심하고

투도는 남이 주지 않은 유형의 물건을 훔치는 것은 물론이고, 자신의 것이 아닌 유무형의 것을 취하는 모든 것을 말한다. 마음공부를 하는 이들은 '도둑질을 하지 말라'는 계율을 잘 지킨다고 생각해서 '투도중죄금일참회'를 독경하면서 자신은 아니라며 건성으로 하는 경우도 많다. 하지만 이런 사람일수록 일상에서 자신도 모르게 투도업으로 짓는 유무형의 습관을 살펴야 한다.

> 아난아, 만약 도둑질한 마음을 끊지 않고서 선정을 닦는 자는 비유하면 마치 어떤 사람이 새는 잔에다 물을 부으면서 가득 차기를 바라는 것과 같으니 비록 수많은 겁을 지낸다고 하더라도 마침내 가득 채우지 못하리라. 세간의 어질고 착한 사람들도 시장에서 이익을 다투지 아니하며 길에서 버려진 물건을 줍지 아니하거든 더구나 출가하여 구족계를 받은 승니이겠느냐?
> – '능엄경'에서

『능엄경』에서는 시장에서 이익을 다투는 것과 물건을 줍는 것도 상대가 주지 않는 것을 취하는 것이기에 투도라고 한다. 흥정하지 말라는 것이 아니라 투도라는 것을 알고 살펴서 하라는 것이다.

실제로 물건을 주워서 경찰서에 맡기는 것도 살펴서 하지 않으면 투도가 될 수 있다. 경찰에 갖다 줘서 주인을 찾으면 현행법은 5~20%선에서 보상해주는 것으로 정하고 있다. 이것을 아는 사람들은 주인이 물건을 찾았을 때 법이 정한 한도에서 정당한 대가를 지불해주기를 바라는 경우가 있다. 심지어 주인이 사정이 여의치 않아 "감사하다"는 인

사만으로 끝내려고 하면 법적인 보상을 요구하는 이들도 있다. 그 마음을 봐야 한다. 주운 것 자체가 남의 것인데 대가를 바라다니? 애초에 줍지 않았으면 주인이 찾을 수 있는 일이다. 이러면 "주인이 찾기 전에 다른 사람이 주워서 가질 수도 있는 거잖아요?"라고 반문하는 사람들도 많다. 그때 그 마음을 봐야 한다. 자신이 줍지 않았으면 다른 사람이 주워서 가졌을 거라고 생각하는 그 마음은 또 어디서 온 마음이겠는가? 다른 사람을 다 도둑으로 의심해서 보는 마음이 아니던가? 그 마음이 곧 투도습이다.

투도는 의심하는 습관을 업보로 받는다. 평생을 도둑질하다 보니 의심하는 버릇이 습관으로 자리잡은 것이다. 의심은 '믿지 못하는 마음'이다. 다겁생래를 거치면서 남의 것을 훔치는 버릇을 들였기에 의심이 습관으로 자리잡은 것이다. 의심하는 마음, 즉 믿지 못해 지레짐작으로 상대의 마음을 훔치는 것, 유형이냐 무형이냐의 차이점만 있을 뿐 근본은 도둑질과 같은 것이다.

투도업이 많은 사람은 상대가 아무리 호의를 베풀어도 믿지 못해 받아들이지를 않는다. 그만큼 관계에 문제를 일으켜 괴로움이 끊이지 않는다.

투도업을 닦으려면 먼저 유형의 물질만 훔치는 것이 아니라 의심을 앞세워 상대의 마음을 훔치는 것도 투도업이라는 것을 알아차려야 한다. 구체적인 실천으로 참회와 보시 바라밀을 행해야 한다. 기도할 때마다 진심으로 '투도중죄 금일참회'를 하면서 몸과 입과 뜻으로 짓는 도둑질을 살피면서 이를 탕감하기 위해 베푸는 일을 해야 한다. 누군가가 필요로 하는 것을 갖고 있으면 그것을 베풀면 되고, 아무리 돌아봐도 물질로 베풀 것이 없다면 몸과 마음으로 베풀어야 한다. 힘을 필요로 하는 이들에겐 찾아가 힘으로 도와주면 되고, 위로를 필요로 하는 이들에게는 그들이 듣고 싶어 하는 따뜻한 위로의 말을 해줄 수 있어야 한다.

옛날에 어느 절에 손님이 들어와서 며칠 동안 재워달라고 했다. 제자들은 그 사람을 의심해서 그냥 돌려보내는 게 낫겠다고 했다. 마침 식량도 바닥이 나고 있어서 한 사람의 입이라도 덜고 싶은 마음이었다. 하지만 큰스님은 말없이 손님을 받아들여 원하는 대로 머물게 하고 함께 공양도 할 수 있게 해주었다. 그렇게 며칠을 보내던 손님은 어느 날 한밤중에 절의 물건을 훔쳐서 몰래 도망치기 시작했다. 마침 그 모습을 본 큰스님이 뒤를 따라나섰다. 손님은 스님이 자신을 잡으려 따라오는 줄 알고 기겁을 하고 더욱 빨리 도망을 쳤다. 큰스님의 발걸음으로는 도저히 따라잡을 수가 없어 점점 거리가 멀어졌다. 그때 큰스님이 그를 향해 외쳤다.

"이보시오! 그 물건은 당신이 훔친 게 아니라 내가 준 물건이오! 그러니 걱정 말고 다치지 않게 조심히 가시오!"

큰스님은 처음부터 손님이 도둑질을 하기 위해 들어온 것을 알고 있었다. 그만큼 자신이 아직 닦지 못한 투도업이 있다는 것은 인정하고 그것을 닦기 위해 아낌없이 베풀어 준 것이다. 그가 원하는 것을 가져가도록 일부러 봐준 것이다. 도둑이 도둑질한 것마저 베푼 것으로 만들어 투도업을 닦아나간 것이다.

투도업은 마음공부의 출발점이기도 하다. 투도업은 베푸는 것으로 풀어야 하는데, 수행에서 베푸는 것이 얼마나 중요한지 육바라밀에서 첫 단계인 보시바라밀로 강조하고 있다. 보시바라밀에 대해서는 뒤에서 육바라밀을 통해 더욱 구체적으로 다루고 있다.

투도업은 참회와 보시바라밀행으로 닦아가면 의심하는 습을 의문을 품는 습으로 전환할 수 있다. 의심이 '믿지 못하는 마음'이라면 의문은 '믿음으로 의심의 답을 구하는 마음'이다. 즉 의심이 과거의 도둑질하던 부정적인 습이라면, 의문은 의심을 긍정적으로 바꾸어 공부하는데 중요한 에너지를 제공하는 것이다.

의심이 올라오면 '의심하는 놈은 누구인가?'라는 의문을 갖고 스스로 그 답을 구하기 위해 집중해 보라. 근심과 걱정이 올라오면 '근심과 걱정을 하는 놈은 누구인가?', 긴장과 불안이 밀려오면 '긴장과 불안해 하는 놈은 누구인가?'라고 의문을 갖고 답을 구하기 진심으로 스스로에게 묻고 또 물어보라. 그러면 그것이 '이 놈은 무엇인가?', '이 무엇인가?', '이뭐꼬?'라는 화두로 자리잡게 된다.

그때부터는 의심이 올라오면 얼른 '이뭐꼬?', 근심과 걱정이 올라와도 얼른 '이뭐꼬?', 긴장과 불안이 올라와도 '이뭐꼬?'를 잡을 수 있다.

마음공부가 별건가, '이뭐꼬?'하는 마음이 마음공부지. 투도업을 선업으로 닦아 의심을 의문으로 바꿀 때 비로소 공부가 깊어지는 경험을 하게 될 것이다.

3. 사음업, 꼬이고 뒤틀려서

사음(邪淫)은 출가수행자에게는 색욕을 충족시키기 위해 '이성을 탐하는 모든 짓', 재가불자에게는 '아내나 남편이 아닌 자와 하는 음탕한 삿된 사랑'을 뜻한다. 색욕은 본능 중에서도 가장 끊기 힘든 것이다. 옛 큰스님 중에는 "색욕이 하나였기에 망정이지 두 개였다면 깨달음에 이르는 이는 아무도 없었을 것이다"라는 말까지 했을 정도다.

『능엄경』은 아난을 주인공으로 사음업이 얼마나 닦기 힘든 업인지 잘 보여주는 경전이다. 아난이 누군가? 부처님의 시자로 법문을 가장 많이 들어서 '다문제일'이라 하고, 머리가 워낙 좋아서 들은 법문을 다 기억해서 경전을 편찬하는데 가장 중요한 역할을 한 제자가 아닌가? 그런 똑똑한 제자가 마등가의 유혹에 빠져 사음의 길로 들어설 뻔했다. 이 경전은 이를 통해 많이 아는 것만이 수행의 전부가 아니라는 것을 일깨워주고 있다.

아난은 자신도 모르게 사음의 유혹에 빠졌음에도 부처님이 "마음이 어디 있다고 생각하느냐?"라는 질문에 아는 것처럼 또박또박 대답한다. 그때마다 부처님은 쉬운 예로 아난이 알고 있는 것이 틀렸음을 깨쳐준다. 아난은 무려 일곱 번이나 틀린 답을 하면서 자신이 아는 것을 드러낸다. 그만큼 아는 것이 많다고 생각한 아난이기에 가능한 일이지만, 그렇게 많이 아는 것 때문에 공부의 길에서 벗어난 아난이기에 가능한 일이기도 하다.

아난은 부처님의 질문에 일곱 번이나 아는 것처럼 답을 했다가 그것이 틀렸음을 알고, 그때서야 비로소 모르는 것을 인정하고 깨우쳐 달라며 부처님께 법을 청한다.

"저는 본래 여래의 가장 어린 아우로서 부처님의 사랑을 받자와 비록 지금 출가하게 되었으나 오히려 귀여워 해주시는 것만 믿고서 많이 듣기만 하였고 샘이 없는 도를 이루지 못하였기 때문에 사비가라의 주문을 꺾어 항복시키지 못하고 저들에게 홀린 바가 되어 음심에 빠지게 되었으니 이는 참다운 마음이 있는 데를 알지 못했기 때문입니다. 바라옵건데 세존께서는 큰 자비로 가엾게 여기시어 저희들에게 사마타의 길을 열어 보이시어 모든 천제(闡提)로 하여금 추악한 소견을 깨뜨리게 하소서."

    - 『능엄경』 중에서

  사음업의 과보를 이성에 대한 성적인 접촉으로만 해석하는 이들이 많다. 그러다 보니 '사음중죄금일참회'를 하면서도 '나는 사음업을 짓고 있지 않아'라고 생각하며 건성으로 흘리는 이들이 많다. 하지만 사음업의 과보는 이성에 대한 성적인 접촉만으로 그치지 않는다. 일상에서 사음업으로부터 자유로운 사람은 거의 없다.
  사음업이 많은 사람은 말을 할 때 비비 꼬는 말을 잘 한다. 코맹맹이 소리를 하면서 색기가 흐르는 말을 잘 한다. 본인은 잘 한다고 생각할지 모르지만 그런 말을 하는 마음을 보지 못하면 상대에게 그대로 사음업이 전달되어 괴로움을 겪게 되는 것이다. 또한 사음업이 많은 사람은 상대가

아무리 옳은 말을 해도 곱게 듣지 않고 비비 꼬고 뒤틀어서
듣는 성향이 강하다. 상대의 말을 있는 그대로, 또는 상대
의 의도대로 듣지 못하고 자신의 사음업대로 비비 꼬아서
들으니 관계가 원만하게 이뤄질 리가 없다. 예를 들면 이런
식이다.

아내가 결혼생활의 단조로움에 변화를 줘서 남편에서 사랑을
받고 싶은 마음으로 모처럼 파마를 했다. 퇴근해서 들어오는
남편이 알아주기를 바라며 묻는다.
"여보, 오늘 나 어때?"
"나이 먹고 뭐 하는 짓이야? 또 거기에 얼마나 썼는데? 밥이
나 줘!"
아내가 듣고 싶은 말이 무엇인지 알면서도 이런 식으로 비꼬
는 투로 말하는 남편이 있다. 아내는 큰 상처를 받는다. 남편에
게 차려주는 밥상에 사랑이 들어갈 리가 없다. 사음업을 닦지
못한 채 사랑한 죄로 둘은 그렇게 상처를 받으며 괴로움 속에
서 살아간다.

사음업에 걸린 사람은 자신이 비꼬는 말을 해서 상대에
게 상처를 줘서 원하는 것을 쉽게 얻지 못하고 괴로움 속에
서 산다는 것을 잘 모른다. 따라서 자신도 모르는 괴로움에
서 벗어나고 싶다면 '사음중죄금일참회'를 할 때마다 자신

이 이처럼 비비 꼬인 말로 상대에게 상처를 주는 말을 하고 있다는 것을 알아차려야 한다. 특히 아난처럼 배운 것이 많은 사람일수록 자신이 많이 안다는 착각으로 상대를 비꼬며 깎아내리고 있지는 않은지 살펴나가야 한다.

사음업에 걸린 사람은 비비 꼬이고 뒤틀린 생각으로 자신이 '낄 자리에 끼고 빠질 자리에 빠지는 일(낄끼빠빠)'을 제대로 구분하지 못해서 손해 보는 일이 많다. 충분히 그만한 능력을 갖췄지만 낄 자리에 끼지 못하거나, 빠질 자리에 끼어들어 구설수에 올라서 능력을 발휘하지 못해 고생만 하면서 괴로움을 자초하는 것이다.

대표적인 사례가 자신의 말에 귀을 기울이지 않는 이에게 말함으로써 상대에게 상처를 주고 자신도 그 업보를 그대로 받는 경우다. 『법화경』에서 부처님은 사리불이 세 번에 걸쳐 법을 청할 때마다 "내 말은 불가사의해서 믿지 못하는 사람이 많아 법을 설해줄 수 없다"고 말한다. 세 번에 걸쳐 들을 말이 없다고 생각한 사람들이 자리를 떠나고 끝까지 법문을 듣겠다고 남아 있는 이들을 위해서 법문을 설하기 시작한다. 부처님의 법을 비방하면 지옥에 떨어진다고 했는데, 들을 마음이 없는 이들에게 불가사의한 법을 설해서 비방하게 만들면 그들을 지옥에 떨어지게 하는 업보를 짓는 일을 할 수 없었기 때문이다. 부사의한 능력을 갖춘 부처님께서도 그러했는데 하물며 그의 제자인 불자가 아무에게나 법을 말해서 되겠는가? 부처님의 법을 꼭 전하고 싶다면 먼저 실천으로 상대가 말을 들을 자세를 갖추게 만들고, 즉 자신이 낄 자리임을 분명하게 만들고 말하는 노력을 기울여야 한다.

사음업에 걸린 사람은 무슨 일을 해도 이상하게 일이 꼬여서 망치는 경우가 많다. 주변의 사람을 봐도 어수선하게 얽혀 있는 경우가 많다. 사음업을 닦으려면 육바라밀의 지계바라밀을 '사음중죄금일참회'를 하면서 수행 차원으로라도 꼬여 있는 주변을 정리부터 할 필요가 있다. 또한 말할 자리와 말해선 안 될 자리를 제대로 구분하고 있는지 살필 수 있어야 한다. 낄 자리와 빠질 자리를 분명히 알아차리면서 사음업을 닦아 나가야 한다.

사음업은 끊임없는 기도와 참회를 통해 '꼬이고 뒤틀린 말과 행동, 그리고 주변'을 알아차리는 노력을 기울여야 한다. '사음중죄금일참회'를 할 때만이라도 진심으로 자신을 돌아봐야 한다. 그래야 아무리 열심히 해도 이상하게 일이 꼬이고 뒤틀려서 일을 망치는 괴로움에서 벗어날 수가 있다.

낄 자리와 빠질 자리를 분명히 알아 자리에 맞게 행동하

고, 말 한 마디를 하더라도 먼저 상대가 자신의 말을 들어
줄 환경을 만들어놓거나, 자신의 말을 꼭 듣고 싶어하는 이
들에게 하게 되니 주변의 많은 이들로부터 사랑을 받을 수
있다.

4. 망어업, 지극히 이기적이거나 소심하거나

망어는 거짓말로 상대를 속이기 위해 '사실이 아닌 것을
사실인 것처럼 꾸며대는 말'이다. 통계에 따르면 인간의 말
은 거의 70%가 거짓말로 이뤄져 있다고 한다. 그만큼 거짓
말은 우리 삶에 엄청난 부분을 차지하고 있다. 따라서 "거
짓말로 남을 속이지 말라"는 계율을 말 그대로 따른다면 인
간은 살 수가 없다. 『법화경』의 '비유품'에는 거짓말이
꼭 나쁘다고 할 수 없다는 말이 강조되고 있다.

어떤 나라의 한 마을에 큰 장자가 있었는데 나이 늙었으나 재
물이 한량없고, 전답과 가옥과 시종들이 많았다. 집이 엄청나
게 크지만 문이 하나뿐인데, 그 집에 불이 났다. 장자는 불이
난 것과 문이 어디에 있는 줄 알기에 얼른 문밖으로 나왔다. 하
지만 불이 난 줄도 모르고 문이 어디 있는지도 모르는 아들들
은 아버지가 불이 나서 위험하니 얼른 문 밖으로 나오라고 소

리를 쳐도 한쪽 귀로 흘리고 노느라 정신이 없다. 이때 장자는 아들들을 구해내기 위해 평소에 그들이 좋아하는 것을 줄 테니 얼른 이리 오라고 소리를 친다. 아들들은 그때서야 좋아하는 것을 갖겠다는 욕심으로 아버지 말을 듣고 문밖으로 나와 목숨을 건진다.

부처님은 장자의 예를 들어 사리불에게 불 난 집에서 말을 듣지 않는 아들들을 구해내기 위해 그들이 원하는 것을 주겠다는 방편으로 불러내서 기꺼이 아들들이 원하는 것을 아낌없이 준 장자의 행위가 허망하다고 할 수 있겠냐고 묻는다. 그러자 사리불을 이렇게 대답한다.

"세존이시여, 만일 이 장자가 가장 작은 수레 하나를 주지 아니하였다 하여도 허망하다 할 수 없사오니, 그 이유는 이 장자가 처음에 생각하기를 '내가 방편으로써 이 아이들을 불 붙은 집에서 나오게 하리라' 한 것이오니, 그러므로 허망함이 없사온데, 하물며 장자가 자기의 재물이 한량없음을 알고 아들을 이롭게 하려고 똑같이 큰 수레를 줌이오리까."

부처님은 모든 것을 다 갖추셨기에 거짓말을 하지 않는다. 집이 불타고 있는 줄도 모르고 노느라 정신이 팔려있는 아들들처럼 중생은 삼계화택이 불타고 있는데도 오욕락에 사로잡혀 감각적 욕망을 추구하는데 정신이 팔려있다. 부처님은 이런 어리석은 중생을 구제하기 위해 갖은 방편으

로 이끌어주시고, 이끄는 대로 따라 나온 중생에게는 약속
대로 원하는 것을 모두 주시고 계시다.

하지만 중생이 이런 경우에는 어찌해야 할까? 장자처럼
모든 것을 갖지는 못했는데, 불이 난 곳에서 정신없이 뛰어
노는 아이가 있다면, 거짓말을 방편으로라도 써서 일단 구
해내야 하지 않는가? 사리불은 이 점을 짚어내며 설사 수레
를 주겠다는 말이 거짓말일지라도 목숨을 구했으니 허망하
다 할 수 없다고 했다.

거짓말에는 세상을 세상답게 만들어가는 선의의 거짓말
이 있고, 자신의 잇속을 챙기려는 악의의 거짓말이 있다.
그런 점에서 본다면 '거짓말을 하지 말라'는 계율은 정확하
게 '자신이 잇속을 챙기는 거짓말을 하지 말라'는 말로 받
아들여야 한다. 물론 이것 역시 정말 지키기 어려운 일이
다. 자기딴에는 아무리 상대를 위한 선의의 거짓말을 했다
고 해도, 상황이 어긋나면 상대를 해치는 악의의 거짓말이
될 수 있기 때문이다.

유치원생들을 대상으로 거짓말에 대한 연구를 한 사람이
있었다. 몰래카메라로 아이들이 거짓말하는 상황을 관찰한
후에 아이들에게 거짓말을 한 이유를 물어본 것이다. 그때
대부분의 아이들은 이런 식으로 대답했다.

"엄마가 마음 아파할까 봐 그랬어요."

아이들은 거짓말인 줄 알면서도 엄마를 위해서 한 것이라고 했다. 연구자는 이런 실험을 토대로 거짓말은 대개 이기적이거나 또는 이타적으로 하는 경우가 많기에 그 자체를 나쁘게 보지 말아야 한다고 했다. 거짓말이 아니라 그 거짓말이 일어나는 구체적인 상황을 중요하게 여겨야 한다고 했다.

망어업은 자신의 잇속을 챙기기 위한 악의의 거짓말은 말할 것도 없고, 타인을 위해 선의의 거짓말로 시작했더라도 상황을 제대로 파악하지 못하면 괴로움을 받는 과보를 받는다. 예를 들어 상대가 나에게 해치는 행위를 했는데도 상대를 배려해서 선의의 거짓말로 "괜찮다"고 했다면 어떤 일이 벌어질까? 상대는 계속 같은 행위를 해서 관계가 완전히 틀어지는 결과를 불러올 수 있다. 따라서 자신이 하는 말이 '사실이 아닌 것을 사실처럼 꾸며 하는 말'이라면 아무리 상대를 배려해서 하는 말이라도 그 말이 상대는 물론 자신을 해치는 말이 될 수 있다는 것을 항상 염두에 두어야 한다.

"아난아, 만약 큰 거짓말을 끊지 못한 사람은 마치 사람의 똥을 깎아 전단의 형체를 만들려는 사람과 같으니 향기를 구하고

자 하여도 그렇게 될 리가 없나니라."

– '능엄경'에서

망어업이 많은 사람은 근심 걱정을 달고 사는 경우가 많다. 누구보다도 먼저 본인이 거짓말을 했다는 것을 알기에 그 마음이 들통날까 봐 근심 걱정하던 습이 발동하는 것이다.

또한 근심 걱정을 달고 사니 깜빡깜빡하는 것이 일상이다. 외출을 했다가도 '문을 잠그고 나왔나?', '가스렌지는 끄고 나왔던가?', '화장실의 수도를 틀어놓고 나온 것은 아닌가?'라는 생각이 들어 되돌아가면 아무 이상 없는 경우가 많다.

근심 걱정이 많은 이들은 '망어중죄금일참회'를 할 때만이라도 근심 걱정이 망어업의 과보라는 것을 챙여야 한다. 근심 걱정이 앞설 때마다 '망어중죄금일참회'를 되뇌며 진심으로 참회할 수 있어야 한다.

망어업을 닦으려면 '노는 입에 염불이라도 하자'는 마음으로 '아미타불'이나 '관세음보살'을 수시로 염하는 것이 좋다. 근심걱정도 달랠 수 있을 뿐만 아니라 자신도 모르게 망어업을 닦아 쓸데없는 근심 걱정에서 벗어나는 삶을 살게 될 것이다.

5. 기어업, 에~, 저~, 그~, 어쩌고 저쩌고

기어(綺語)는 비단같이 화려하고 교묘하게 잘 꾸며대는 말을 뜻한다. 기어를 긍정적으로 쓰는 사람은 소설가나 시인 등 대문호가 될 수 있다. 하지만 기어업을 알아차리지 못하면 말이 길어지고 요점이 불명확하게 이어진다. 상대는 이미 그 뜻을 알아 기분이 상하지만, 당사자는 자신이 말을 잘 한다는 착각에 빠져 상대와 더욱 대차가 벌어져 자신도 모르는 괴로움에 빠지는 경우가 많다. 그야말로 자신은 말을 잘 했다고 생각하는데 귀신이 곡할 노릇이 벌어져 원하는 것을 얻지 못해 괴로움에 빠지게 되는 것이다.

교장선생님의 훈시를 떠올리면 이해가 쉽게 될 것이다. "에~", "저~"를 상투적으로 쓰며 주어 서술어의 관계가 불명확해서 말의 핵심을 잡을 수가 없다. 본인은 최대한 좋은 말을 이어쓰기에 잘 했다고 생각할지 모르지만 듣는 이에게는 여간 곤혹스러운 일이 아니다. 말이 끝난 다음에 "방금 무슨 말 들었어?"라고 하면 "좋은 말 들었어."라고 할 수는 있지만 "구체적으로 좋은 말이 무엇이냐?"고 물으면 입을 다물 수밖에 없는 상황을 만드는 것이다.

기어업이 많은 사람은 매사에 남들보다 적극적으로 열심

히 하는데 얻는 것보다 오히려 잃는 것이 많을 수 있다. 특히 무슨 일을 할 때 시간은 충분한데 공간에 문제가 생겨 일이 틀어지는 괴로움을 많이 겪게 된다. 공간은 자신이 처한 상황의 다른 이름이다. 마음을 상황에 초점을 맞춰야 하는데 말에 초점을 맞추다 보니 스스로 불러들이는 것이다.

　남편이 모처럼 휴가를 얻어 아내와 함께 해외여행을 가자고 한다. 전업주부인 아내는 시간이 충분해서 남편이 하자는 대로만 하면 성사될 일이다. 하지만 기어업이 많은 아내는 남편의 제의를 얼른 받지 못하고 이런 식으로 대꾸한다.
　"에어콘을 틀어서 이번 달 전기요금이 엄청 나왔고, 이제 개학을 앞두고 있으니 애들한테 들어갈 돈도 필요할 텐데, 살림은 어쩌고 저쩌고~."
　"그래서 가고 싶다는 거야, 말자는 거야?"
　"당신이 생각해주는 것은 고마운데 해외여행은 나중에도 갈 수 있지만 그 돈으로 당장 살림을 어쩌고 저쩌고~."
　남편 입장에서는 전업주부로 고생하는 아내를 위해서 모처럼 해외여행을 가려고 마음을 먹었는데 이런 식이니 슬슬 짜증이 올라온다.
　"그러면 나는 어차피 휴가를 냈으니까 낚시 다녀올 테니 당신은 알아서 해."

아내는 해외여행 경비를 아껴서 살림에 보탰으니 자신이 잘했다고 생각할지 모른다. 하지만 큰 틀로 봐서는 여행을 다녀오면 남편의 위신도 세워주고 본인도 해외여행을 통해 분위기를 전환했으면 더 좋은 일이 생길지도 모르는 것을 막은 것이 될 수도 있다. 남편의 입장에서는 호의를 거절당한 안 좋은 기억이 있으니 이후로는 아내를 위한 계획을 세우는 것 자체를 하지 확률이 높다.

누구를 탓할 것인가? 해외여행이라는 공간을 틀어놓은 기어업을 탓할 수밖에.

기어업이 많은 사람은 본인은 웃긴다고 하는 소리인데도 분위기를 썰렁하게 하는 경우가 많다. 상대에게는 진실성이 없어 보이고 가벼워 보여서 신뢰를 받지 못한다. 자기 말에 취해서 상황을 제대로 파악하지 못한 채 하는 말이니 상대에게 뜻이 제대로 전달될 리가 없다.

또래에 비해서 나이가 들어 보이는 스무 살 여학생이 있었다. 평소에 친하지는 않지만 모임에 참석하면서 어느 정도 얼굴을 익힌 서른 살 총각이 있었다. 여럿이 모여 있는데 최고 연장자에 속하는 총각이 예외를 지켜 먼저 나이를 밝히고 앞에 앉은 여학생에게 말을 걸었다.

"저는 올해 서른인데 나이가 어떻게 되세요?"

"제 나이가 얼마인 것처럼 보여요?"

여기까지는 남녀가 만났을 때 일상적으로 이뤄지는 대화다. 이때 진심으로 여자를 배려하는 남자라면 뭐라고 말해야 할까? 총각은 뜸도 들이지 않고 여학생의 말이 끝나기가 무섭게 바로 대답했다.

"한 스물일곱 살쯤 되지 않을까요?"

"너무 하네요. 이제 스물인데 제가 그렇게 나이 들어 보인단 말이에요?"

이쯤 되면 눈치를 채고 얼른 상대의 기분을 맞춰주는 말을 해야 한다. 그런데 총각은 상대의 말뜻을 못 알아듣고 자기 말만 이어간다.

"저는 동안이라 사람들이 너무 어리게 봐서 나이 들어보인다는 말이 좋거든요."

"......?"

순간 여학생의 표정이 일그러졌고 분위기는 썰렁해졌다. 총각은 자신이 무슨 잘못을 했는지도 모른 채 옆 사람에게 시선을 돌려 대화를 이어갔다. 총각은 그 짧은 순간에 말을 돌려서 자신이 동안이라는 것을 내세우며 상대에게 진짜로 나이가 들어보인다는 것을 확인시켜주는 말을 돌려서 했다는 것을 모르고 있다.

기어업을 닦으려면 먼저 말의 목적이 무엇인지를 챙겨야

한다. 말은 배설물처럼 일방적으로 뱉어내는 것이 목적이
아니라 상대에게 뜻을 정확히 전달해서 원활한 의사소통을
해서 상대와 관계를 좋게 하는 것을 목적으로 삼아야 한다.
말보다 상대와 뜻을 통하는 것에 더 집중해야 한다.

주변 사람들로부터 "말이 많다"는 말을 듣는다면 '아, 내
가 기어업이 많구나!'라고 얼른 인정부터 해야 한다. 자신
은 열심히 이야기했는데 상대가 "그래서 요점이 뭔데?"라
는 반응을 보이면 기어업이 많아서 그렇다는 것을 얼른 인
정해야 한다. 아울러 말할 때는 상황파악을 하는데 더 많은
노력을 기울이고 말을 할 때는 가급적 요점만 분명히 짧게
하는 노력을 기울여야 한다.

6. 양설업, 바쁘다 바빠 안 하려고 했는데

양설(兩活)은 하나의 혀로 두 말 하는 것을 말한다. 쉽게
이간질하는 말로 이해하는 이들이 많은데, 이것은 겉으로
드러나는 양설업의 일부에 불과하다. 양설업이 괴로움으로
부터 벗어나려면 양설의 범위를 이간질로만 국한하는 것이
아니라 행동과 일치하지 않는 일체의 말이나 생각으로 확
장시켜서 닦아나가야 한다.

양설의 대표적인 것이 뒷담화다. 양설업을 닦으려면 일단 뒷담화에 끼지 않는 것이 좋다. 뒷담화는 어떻게든 당사자 귀에 들어갈 수 있다는 것을 항상 염두에 둬야 한다. 양설업이 많은 사람은 뒷담화를 하는 것에 그치지 않고 뒷담화를 당사자에게 옮기는 경우가 많다. 자신은 당사자를 위해서 한다고 해도 그것은 결국 둘 사이를 갈라놓는 이간질에 불과하다. 이간질의 업보는 고스란히 뒷담화를 옮겨놓은 자신이 받아야 한다. 이런 업보를 받을 자신이 없으면 애초에 뒷담화에 끼지 않는 것이 좋고, 어쩌다 끼었다면 아무리 당사자를 위한 말이라도 그대로 옮기는 것은 정말 심사숙고를 해야 한다. 그럼에도 뒷담화를 꼭 해야겠다면 이간질의 업보를 받을 각오를 하고 해야 한다.

마음공부를 하는 사람들은 이간질이 양설이라는 것을 알기에 뒷담화를 조심하는 경우가 많다. 그래서 '양설금죄금일참회'를 하면서도 이것은 자신의 문제가 아니라는 생각에 건성으로 하는 경우가 많다. 하지만 양설업에는 이간질만 있는 것이 아니다.

"바쁘다 바빠!"
"너무 바빠서 그런데 다음에 이야기해요."

무슨 말을 할 때마다 '바쁘다'는 말을 버릇으로 하는 사람이 있다. 이런 사람은 양설업을 챙겨봐야 한다. 이런 말은 상대가 편한 관계라면 "바쁘니까 알아달라"는 말로 들어줄 수 있으니 다행이다. 하지만 사업적인 관계라면 이런 말은 상대의 제의를 거부하는 말로 전달될 수 있다. "바쁘다"는 말을 들은 상대방은 다음에 무슨 일을 제안하고 싶어도 조심스러워할 수밖에 없다. 결국 다른 사람에게 일을 맡길 확률이 높다. 시간을 안배하면 충분히 받아들일 수 있는 일인데도 "바쁘다"고 말한 양설업의 입버릇이 일감을 끊기게 만드는 것이다.

"바쁘다"는 말버릇은 다겁생래를 거치면서 이쪽 저쪽 양쪽 일에 다 끼어드느라 바쁘게 살았기에 들여온 습관이다. 양설업의 과보로 괴로워하지 않으려면 먼저 '바쁘다'는 말버릇을 고쳐나가야 한다. 아무리 바빠도 '바쁘다'는 말보다 먼저 상대의 말을 받아주고, 시간을 안배하는 습관부터 들여나가야 한다.

"이 일은 내가 하고 싶어서 한 게 아닌데 어쩔 수 없이 어쩌고 저쩌고~"
"하기 싫지만 어쩔 수 없이 하기는 하는데 어쩌고 저쩌고~"

이렇게 앞뒤가 맞지 않는 모순된 말을 하는 것도 양설업이다. "싫은데 했다"는 말은 자신이 선택해놓고 책임은 남에게 씌우는 양설업이 만든 말버릇이다. 양설업이 아니라면 '싫어서 안 했다.', 또는 '좋아서 했다'고 해야 맞는 말이다.

한 입으로 '싫은데 했다'는 모순되는 말을 하는데 일이 제대로 될 리가 없다. 아무리 사정이 여의치 않았더라도 선택한 그 순간만큼은 챙길 잇속이 있어서 선택한 것이다. 그 잇속을 떠올리면 "그때는 이익이라고 생각해서 좋아서 했다"고 해야 한다. 자신이 한 선택을 결과가 안 좋았다고 상대탓으로 돌리는 모순된 말을 줄여나가야 한다.

"아는데 안 되는 걸 어떻게 해!"
"해야 한다는 것을 알지만 나는 못해!"

이렇게 모순되는 말도 양설업이다. 이런 말을 자주하거나, 이런 생각 때문에 하고 싶은 일도 하지 못하는 사람이라면 양설업을 닦아야 한다.

공부란 '모르는 것을 알아서, 아는 대로 실천하는 것'이다. 아는 데 안 된다는 것은 속에서 실천하기 싫은 마음이 도사리고 있어서 나오는 말이라는 것을 알아차려야 한다. 이때는 말만이라도 양설에서 벗어나기 위해 "아는데 안 되는 걸 알았는데 어떻게 해야 합니까?"라고 묻던가, '안 되는 걸 알았으니 해 봐야지'라는 생각으로 아는 만큼 하는 쪽을 선택해서 밀어붙여야 한다. 그래야 아는 만큼 잘 되는 경험을 할 수 있다. 말과 행위가 일치하는 경험을 할 수 있다.

양설업이 많은 사람은 모든 것을 다 갖췄어도 시간에 문제가 생겨 일이 틀어지는 괴로움을 많이 만나게 된다. 한 입으로 두 말을 하고는 그 말에 치여서 시간에 쫓기는 업보를 받게 된 것이다. 예를 들면 이런 식이다.

남편이 모처럼 휴가를 얻어 아내와 함께 해외여행을 가고 싶어한다. 그런데 양설업이 많은 아내는 이런 식으로 대꾸한다.

"어쩌지? 그때 친구와 여행가기로 약속했는데?"

"그래서 어떻게 하고 싶다는 거야?"

"당연히 당신하고 해외여행을 가고 싶지? 그런데 친구하고 약속한 것은 어쩌지?"

얼른 하나를 선택해서 결론을 내지 못하고 어물쩍 넘어간다. 그것은 친구한테도 마찬가지다.

"너하고 약속은 꼭 지키고 싶은데 남편이 해외여행을 가자는데 어떻게 하지?"

일정까지 다 짜놓은 친구가 어물쩍 넘어가려는 친구에게 짜증이 잔뜩 나는 투로 묻는다.

"이미 표도 끊고 호텔예약도 다 끝났는데 어떻게 하고 싶다는 거야?"

"당연히 너하고 가고 싶지. 그런데 어떻게 하지?"

이미 시간이 겹치는 것부터가 양설업의 과보다. 과보는 누구나 피할 수 없다. 중요한 것은 피할 수 없는 과보를 어떻게 받아들이느냐다. 양설업의 과보인 줄 아는 사람은 이 상황에서 얼른 한 가지를 선택해서 그 하나라도 즐길 줄 안다. 양설업의 과보인 줄 모르는 사람은 어느 한 쪽을 확실하게 결정하지 못한 채 바쁠 것도 없는 일에 바쁘게 치여 살면서 시간만 보낸다. 그러다 일정이 촉박해져서야 겨우 생각이 나서 남편에게 묻는다.

"여보, 해외여행하기로 한 것 어떻게 됐어?"

"그때 친구하고 여행 간다고 했잖아? 당연히 취소했지."

"무슨 취소를 나한테 묻지도 않고 해!"

"당신이 친구하고 여행 간다는데 그럼 어떻게 해?"

내심으론 해외여행도 가고 싶었기에 취소했다는 말이 야속해 시비도 걸어보지만, 자신이 한 말이 있기에 더 이상 탓도 못하고 이번에는 친구에게 기대를 걸어본다.

"남편이 해외여행을 취소해서 너하고 함께 할 수 있는데 어때? 좋지?"

친구는 난처한 표정을 짓고 한참 뜸을 들이더니 겨우 입을 뗀다.

"그 후로 아무 말도 없기에 남편하고 해외로 가는 줄 알았지. 어차피 끊어놓은 표와 호텔비가 아까워서 다른 친구랑 가기로 했는데 어떻게 하지?"

친구가 아무리 야속해도 자신이 한 말이 있기에 뭐라고 할 수도 없다. 그렇다고 양설업이 스스로를 그렇게 만들었다는 것을 알 리도 없으니 대책도 없다. 일상에서 충분히 즐길 수 있는 일인데도 시간이 겹치거나 시간에 쫓겨서 일을 망치는 괴로움을 반복할 뿐이다. 양설업이 많은 사람은 이처럼 시간이 문제를 일으켜 원하는 것을 얻지 못하는 경우가 많다.

양설업을 닦으려면 먼저 어떤 일이든지 선택의 주인이 자신이라는 것을 분명히 알아야 한다. '바쁘다'며 시간에 쫓겨 사는 것이 양설업의 과보라는 것을 알아야 한다. 또한 자신이 해놓고 '어쩔 수 없이 했다'라고 하거나 자신이 해야 할 일을 앞에 두고 '아는데 안 돼!', '알지만 못해!'라고 하는 것이 얼마나 무책임하고 모순된 말이라는 것을 알아야 한다. 아울러 선택이 꼭 필요한 상황에서 시간에 쫓겨 '왔다리 갔다리' 하다가 결국 모두 망치는 괴로움이 양설업의 과보라는 것을 분명히 알아야 한다.

자신이 이런 말버릇으로 괴로움 속에서 산다면 얼른 이제부터라도 '양설중죄금일참회'를 할 때 더욱 진실하게 해야 한다. 그러면 자신도 모르게 습관으로 들여온 양설업의 마음과 말버릇을 직면하는 경험을 하게 될 것이다. 그때마다 이게 다 양설업의 업보라는 것을 알고 더욱 참회하는 마음을 일으키면 자신도 모르게 양설업에서 벗어나는 길로 들어설 수 있다.

7. 악구업, 모르고 하면 다 최고의 욕

악구(惡口)는 '상대에게 욕하고 험담하여 성내게 하고 괴롭게 하는 말'이다. 십악업이 모두 상호연관을 맺고 있어서 결코 따로 떼놓을 수 없지만, 악구는 특히 삼독심의 하나인 진심(瞋心, 화)과 떼놓을 수 없다. 악구가 진심을 일으키고, 진심이 악구를 일으키는 악순환을 끊지 않으면 괴로움에서 벗어날 길이 없다.

악구업을 닦으려면 급한 성질을 죽여야 하고, 급한 성질의 원인인 진심을 함께 닦아야 한다. 진심을 닦는 방법에 대해서는 '진에업'에서 더 구체적으로 다루고 있다. 참고해서 함께 닦아야 한다.

악구는 쉽게 말하면 욕이다. 세간에 널리 알려진 심한 욕을 입에 담은 사람들은 자신이 상대에게 욕을 했다는 것을 알고 있다. 알면서도 성질을 이기지 못해 일단 내뱉고 후회하는 경우가 많다. 하지만 어쩔 것인가? 그렇게 내뱉은 욕의 업보는 그대로 받아야 하는 것을. 그나마 이렇게 성질을 못 이겨서 욕을 내뱉은 사람들은 그나마 바로 업보를 받아 잘못을 알아차릴 수 있다. '악구중죄금일참회'를 하면서 스스로 닦아갈 기회를 잡을 수 있다.

문제는 이처럼 알고 하는 욕이 아니라 다겁생래를 거쳐오면서 습관으로 다져온 자신도 모르게 하는 욕에 있다. 마음 공부를 하는 사람이라면 자신도 모르게 하는 욕을 더욱 경계해야 한다.

욕 중에 최고의 욕은 바로 앞에서 입을 다물고 돌아서는 것이다. '개자식', '후레자식'과 같은 욕은 상대에게 감정을 표현해서 관계를 개선하고 싶다는 욕구의 표현이다. 하지만 입을 다물고 돌아서는 행위는 아예 관계를 끊겠다는 아주 심한 감정의 표현이다. 실제로 그렇게 관계를 끊어서 괴로움 속에 사는 이들이 많다. 이렇게 말하면 다음과 같은 부처님의 사례를 들며 반박하는 이들이 있다.

부처님이 죽림정사에 있을 때 힌두교의 브라만이 화를 내며 찾아와서 욕을 하기 시작했다. 자기 가문의 한 브라만이 힌두교를 버리고 부처님에게 출가한 것에 대해 다짜고짜 거친 욕부터 쏟아내기 시작했다. 한참 욕을 하고 제풀에 지쳐 조용해지자 부처님이 그에게 말했다.

"당신의 집에 친구들이 찾아올 때가 있는가?"

"그렇소."

"그때 당신이 찾아온 손님에게 음식을 내놓았는데, 그들이 먹지 않고 간다면 그 음식은 다 누구의 것이 되겠는가?"

"그야 당연히 나의 것이 되겠지요."

그러자 부처님이 말씀하셨다.

"그처럼 당신이 준 욕을 내가 받지 않았으니 그 욕은 도로 당신의 것이 되었소."

부처님은 상대의 욕을 먹지 않으면 된다고 했는데, 대꾸하지 않고 돌아서는 것이 어떻게 세상에서 가장 심한 욕이 될 수 있냐고 반문을 하는 이들이 있다. 그들은 말없이 돌아선 것을 욕하지 않은 걸로 착각한 것이다.

이런 착각이 바로 아는 게 병인 경우다. 부처님의 말씀만 외웠지, 그 말씀이 이뤄진 상황을 온전히 받아들이지 못한 것이다. 부처님 말씀의 뜻을 온전히 이해하려면 먼저 부처님과 브라만의 관계, 그리고 그 말이 이뤄진 상황, 그리고 욕을 대하는 부처님의 마음까지 함께 볼 수 있어야 한다. 먼저 상황으로 보면 브라만도 마음을 닦는 이라 부처님이 뭐라고 말씀하시면 그 뜻을 알아들을 수 있는 관계였다. 또한 부처님은 브라만이 아무리 욕해도 감정의 동요를 일으키지 않으셨다. 설사 브라만이 말뜻을 알아듣지 못한다 해도 그로 인해 괴로워할 일이 없다. 인연에 의해 만났다가 인연에 의해 헤어지면 그뿐이기 때문이다. 부처님은 브라만과의 관계를 확실히 알았기에 이렇게 말함으로써 브라만이 잘못을 깨닫게 해준 것이다.

하지만 우리가 일상에서 행하는 일들은 상황이 다르다. 먼저 상대가 인연에 의해 헤어지면 그만인 관계가 아니라 헤어지면 괴로운 관계인 남편, 자식, 직장동료 등으로 이뤄지는 경우가 많다. 또한 부처님처럼 상대의 욕을 듣고도 감정의 동요를 일으키지 않을 경지에 이르지도 못했다. 따라서 부처님의 말씀을 모양으로만 받아들여서 '나는 욕을 먹지 않았다'고 입을 다물어 버리면 상대는 무시당했다는 생각에 더 큰 화를 일으킬 수 있다. 그러니 이보다 더한 악구가, 세상에 이보다 더한 욕이 어디에 있겠는가?

"무슨 일을 이따위 해! 월급 받기에 미안하지도 않아!"

일처리를 제대로 못했다고 노발대발하는 직장상사 앞에서 입을 꾹 다물고 있다면 어떤 일이 벌어지겠는가? 부처님처럼 욕을 초월해서 감정의 동요조차 일어나지 않았다면, 제품에 지친 직장상사가 화를 누그렸을 때 "죄송합니다", 또는 "언제까지 조치를 취해서 완벽하게 처리하겠습니다"라는 식의 반응을 보이는 것이 정상이 아니던가?

그런데 악구업에 걸린 사람은 '처자식 때문에 치사해도 참는다'는 생각으로 그저 직장상사의 말이 끝나기만을 기다리는 경우가 많다. 그 악구의 업보로 상사에게 밉보여 괴로운 직장생활을 계속 이어가던가, 제품에 못 이겨 사표를 내고 괴로워하던가, 권고사직을 당해 더 큰 괴로움 속에 빠지게 되는 것이다.

악구업이 많은 사람은 모든 것을 갖췄는데도 자신도 모르고 짓는 악구업으로 시간과 공간에 모두 문제를 일으켜 일을 망치는 경우가 많다. 예를 들면 이런 식이다.

남편이 모처럼 휴가를 얻어 아내와 함께 해외여행을 가고 싶어한다. 얼마 전에 아내에게 심한 말을 해서 상처를 준 것이 마음에 걸려 어떻게든지 용서를 받고 싶은 것이다. 악구업이 많은 아내는 이런 식으로 대꾸한다.

"해외여행 갔다 와서 또 무슨 말을 하려고?"

"여보, 미안해. 지난 번에 내가 잘못했어. 그러니 우리 기분전환도 할 겸 함께 하자고?"

"……."

"준비는 내가 다 알아서 할 테니 당신이 필요한 것만 챙겨. 알았지?"

"……."

아내는 아무 대꾸도 없다. 남편은 아내가 승낙한 줄 알고 일정에 맞춰 비행기표도 사놓고 여행 갈 날만을 기다린다. 드디어 하루 전이 되었다.

"여보, 준비 다 했지? 드디어 내일이야."

"당신은 맨날 그런 식이야. 내가 언제 간다고 했는데?"

남편을 폭발하게 만든다. 남편 입장에서는 잘못을 사과했고, 여행갈 거냐고 의사를 확인했고, 나름대로 노력했는데 터질 것이 터진 것이다. 아내 입장에서는 그때 화가 나서 대답을 안 한 것뿐인데, 그 말을 동의로 받아들인 남편의 일방적인 결정에 화가 날 수도 있다. 하지만 결과는 시간과 공간은 모두 갖췄지만 악구의 습으로 여행은커녕 오히려 싸우며 괴로워할 일만 남게 된 것이다. 그렇다고 헤어질 생각이 있는 것도 아니다. 악구업으로 싸우며 사는 것이 이들의 숙명이다.

악구업을 닦으려면 무엇보다 먼저 '개자식', '후레자식' 같은 험한 말만이 악구가 아니라 상대의 감정을 상하게 해서 관계를 단절시키는 무대응도 심한 악구가 된다는 것을 분명히 인식해야 한다. 자신은 참는다고 참았는데 상대의 말이 더 험악해지거나 다투는 일이 생겼다면, 그것이 바로 자신의 악구업으로 받은 업보라는 것을 먼저 인정해야 한다. 그래야 상대에게 욕을 먹고도 참는 것이 최선이라는 잘못된 생각에서 벗어날 수 있고, 비로소 악구업을 닦는 길에 들어설 수 있다.

8. 탐애업, ~을 해야겠다고?

탐애(貪愛)는 '자기 뜻에 맞는 것에 집착'하는 탐(貪)과 '번뇌에 얽매인 사람이 목마르게 오욕에 집착'하는 갈애(渴愛)가 결합된 말로 '눈, 귀, 코, 혀, 몸, 뜻으로 접하는 모든 것에 집착하며 구하려는 마음'을 의미한다. 진에와 치암과 더불어 삼독심(三毒心)이라 한다.

천수경에서 다른 십악업은 '00중죄금일참회'로 끝나지만, 삼독심은 여래십대발원문에서 '원아속단탐진치(탐진치를 빨리 끊기를 원합니다)'라는 원을 세우는 것으로 재차 강조하고 있다. 그만큼 탐애를 포함한 삼독심이 얼마나 닦기 어려운 업인지를 보여주고 있다.

탐애를 삼독심으로 다룰 때 탐심(貪心)이라고 표현하는
데, 그러다 보니 '무엇을 가지고 싶어하는 마음', 또는 '지나
친 욕심'으로 해석하고 받아들이는 이들도 많다.

"탐심을 버려라."

이러면 '나는 욕심이 없으니까 괜찮아'라고 쉽게 생각하
는 이들이 많은데 그것은 큰 오산이다. 탐심은 우리가 모르
고 짓는 모든 죄의 근원이다. 결코 '나는 욕심이 없으니까
괜찮아'라고 쉽게 받아들일 수 있는 것이 아니다.

탐심은 왜 생기는가? 인간이란 자체가 치암업을 타고 났
기 때문이다. 치암은 십이연기법의 무명(無明)과 동격이다.
이 치암(무명)이 삼독심의 큰 수레바퀴를 돌리는 것이다.
치심으로 인해 탐심이 생기고, 탐심으로 인해 진심과 치심
이 더욱 심화된다. 따라서 탐애업에서 벗어나려면 치암업
을 닦아야 하고, 치암업에서 벗어나려면 탐애업을 닦아야
한다.

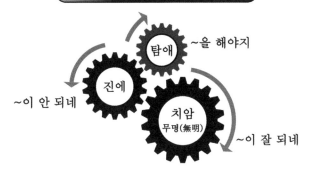

탐애는 치암과 더불어 십악업의 근본원인으로 작용한다. 생명에 대한 탐애가 살생을 일으키고, 물질에 대한 탐애가 투도를 일으키고, 이성에 대한 탐애가 사음을 낳는다. 살생, 투도, 사음에 대한 탐애가 거짓말, 꾸미는 말, 이간질, 해치는 말을 낳고, 성냄과 어리석음을 낳는다. 그만큼 탐애를 닦는 일은 매우 중요한 일이다.

탐애업은 주로 '~을 하겠다'는 마음으로 드러난다. 이것은 '~을 하겠다'는 똑같은 형태의 '의지(意志)'의 표현과 애매한 경계를 보인다. 탐애업을 잘 닦고 '~을 하겠다'는 마음을 먹으면 의지로 작용하지만, 습관에 휩쓸려 '~을 하겠다'는 마음에 머물면 탐애업으로 빠져 괴로움의 수레바퀴를 계속 돌리게 되는 것이다.

탐애업을 확인해보는 간단한 실험이 있다. 독자님들도 직접 따라 하면서 '탐애'와 '의지'의 미묘한 차이를 체험해보기 바란다.

• 탐애와 의지 체험하기

먼저 입을 크게 벌려서 위 아래로, 그리고 왼쪽 오른쪽으로 풀어가며 입의 근육을 풀어보자. 그리고 크게 입을 벌려 "아, 야, 어, 여~", 또는 "가, 나, 다, 라, 마, 바, 사, 아~"를 발음해보자. 가급적 입을 크게 벌리고 소리도 크게 해보자.

이제 어느 정도 입가의 근육이 풀렸으면 이제 윗입술과 아랫입술이 닿지 않게 주의하며 다음 낱말을 또박또박 크게 발음해보자. 다시 한번 강조하지만 어떠한 경우에도 윗입술과 아랫입술이 닿지 않도록 주의해야 한다. 준비가 됐으면 따라해 보자.

"코, 카, 콜, 라!"

독자님들 중에는 이 실험의 답을 알고 있는 이들도 있을 것이다. 실제로 대면강의를 할 때 많은 사람을 상대로 이 실험을 하면 벌써 의도를 알아차리고 씨익 웃는 사람도 있고, 더러는 아는 것을 내세우려고 "저 이 실험의 답을 알아요!"라며 미리 초를 치는 사람도 있다. 하지만 대부분의 사람들은 무의식적으로 입술을 안 닿게 따라 하겠다며 '코, 카, 콜, 라!'를 굉장히 부자연스럽게 발음하기 십상이다.

그런데 '코, 카, 콜, 라!'는 그냥 자연스럽게 발음해도 윗입술과 아랫입술이 닿지 않는다. 아니 입술을 닿고는 도저히 발음할 수 없는 글자들로 이뤄졌다. 그냥 자연스럽게 읽어야 입술이 닿지 않고 제대로 된 소리가 나는 글자인데, 입술을 닿지 않게 하겠다는 마음으로 하니 오히려 부자연스러운 발음이 되는 것이다.

'탐애'와 '의지'의 미묘한 차이를 맛이라도 느껴볼 수 있는 사례다. '의지'는 '~ 하겠다'고 했으면 바로 하고자 하는 일을 자연스럽게 하고 그렇게 아무 걸림없이 하고자 하는 것을 이루게 된다. 이에 반해 '탐애'는 '~ 하겠다'고 하고는 '~ 하는 것'에 집착하는 것이다. 발음의 원리를 알고 그냥 발음하면 '코, 카, 콜, 라!'를 자연스럽게 발음할 수 있는데, 입술을 닿지 않고 잘 하겠다는 것에 집착하다 보니 부자연스러운 발음을 할 수밖에 없는 것과 같은 이치다.

'공부하겠다'는 것도 마찬가지다. 의지를 세워 '공부하겠다'는 사람은 그냥 공부하면서 성과를 낼 뿐인데, 탐애업으로 '공부하겠다'는 사람은 공부하는 일보다 공부하는 일에 집착하면서 성과를 제대로 내지 못해 괴로워하는 경우가 많다.

탐애는 삼독심의 두 축인 '진에'와 '치암'의 원인을 제공한다. 즉 '~을 해야겠다'는 탐애가 '~이 안 된다'는 마음으로 빠지면 진에로 화를 일으키고, '~이 잘 된다'는 치암의 마음으로 빠지면 어리석음으로 몽매한 행위를 하는 것이다. 이렇게 형성된 치암은 또 탐애의 원인을 제공하면서 탐진치의 삼각관계를 이어가는 것이다. 따라서 탐애업을 닦을 때는 진에업과 치암업도 함께 닦아 나가야 한다.

탐애업을 닦으려면 '~을 하겠다'는 마음을 먹었는데 '~이 안 된다'는 마음이 일거나, '~이 잘 된다'는 마음이 일어난다면 얼른 제 자리로 돌아와 '~을 하겠다'는 마음조차 내려놓고 바로 그 일을 해나가야 한다. 예를 들어 '공부를 하겠다'고 했는데 '공부가 안 된다'는 생각이 올라와서 괴롭다면 얼른 '공부가 안 된다'는 생각을 내려놓고 바로 '공부하는 일'을 찾아야 한다. 반대로 '공부가 잘 된다'는 마음이 올라와서 마냥 기쁘기만 하다면 이때도 얼른 '공부가 잘 된다'는 생각을 내려놓고 처음에 하고자 했던 '공부하는 일'에만 집중해야 한다.

이론으로도 알쏭달쏭하기에 단번에 받아들여 실천할 수 있는 일이 아니다.

이때 필요한 것이 기도다. 천수경을 독송하면서 "탐애중죄금일참회"와 여래십대발원문 중에 하나인 "원아속단탐진치"를 할 때만이라도 자신이 지금 기도를 '의지'로 하고 있는 것인지, '탐애업'으로 하고 있는지를 챙겨보아야 한다. 기도는 식으로 이해가 안 되는 것을 성품이 온전히 받아들이게 하는 힘을 준다. 따라서 자꾸 간절히 기도하다 보면 자신도 모르게 탐애업을 닦아나가는 경험을 할 수 있다.

'~을 해야겠다.'

기도는 분명히 의지를 세워 이렇게 계획을 세웠는데 막상 하다 보니 괴로움으로 빠진다면 그것은 곧 '의지'가 아닌 '탐애'로 빠져서 그렇다는 것을 인정하는 힘을 얻게 된다. 이때 다시 '~을 해야겠다'는 '의지'를 점검하며 처음에 하고자 했던 일만 하다 보면 괴로움에서 벗어나는 경험을 하게 된다. 그것이 곧 기도의 가피력이다.

이런 경험이 신심을 더욱 돈독하게 하고, 더욱 돈독해진 신심이 '탐애'보다는 '의지'를 선택해서 원하는 바를 쉽게 이루는 길로 들어서게 한다. 의지를 세웠으면 '~을 해야겠다'는 것조차 내려놓고 그냥 하는 일만 하면 하는 일마다 쉽게 이룰 수 있다.

9. 진에업, ~이 안 된다고?

진에(瞋恚)는 '눈을 부릅뜬다'는 진(瞋)과 '성낸다'는 에(恚)가 결합된 말이다. 삼독심으로 다룰 때는 진심(瞋心)으로 쓰는데 '성냄, 화내는 마음'을 의미한다.

진에업을 닦으려면 화가 올라올 때마다 자신이 부처님의 가르침인 인과법을 믿고 있는지 점검해야 한다. 화가 많은 것은 인과법을 믿지 않기 때문이라고 수시로 점검해야 한다.

부처님이 깨달으시고 중생들을 위해 제일 먼저 일깨워주신 것이 연기법(緣起法)이다. 이를 줄여서 인과법, 또는 인연법이라고도 한다. 석가모니 부처님은 연기법을 설하면서 우주(법계)에 본래부터 존재하는 보편 법칙, 즉 우주적인 법칙이라고 강조했다.

"콩 심은 데 콩 나고 팥 심은 데 팥 난다."

누구나 아는 인과법이다. 콩이 났으면 콩을 심었다는 것을 알고, 팥이 났으면 팥을 심었다는 것은 분명히 안다. 인과법을 믿는 이라면 지금 자신이 내는 화는 자신이 과거에 뿌린 화의 열매이고, 자신이 미래에 거둬들일 화의 씨앗이라는 것을 분명히 알아야 한다.

지금 화를 내면서 남을 탓하고 있다면 그것은 인과법을 부정하는 행동이다. 그것은 곧 부처님의 인과법을 부정하는 것이고, 인과법을 부정하는 것은 곧 부처님의 가르침을 부정하는 것이다. 이런 마음으로는 아무리 간절히 '진에중죄금일참회'를 해봤자 원하는 것을 이룰 수 없다는 것을 뇌리에 새겨야 한다.

인과법에 따라 업보를 받는 것을 믿는다면 이제 선택의 문제다. 지금 화가 올라오는 대로 화를 내서 업보를 받을 것인가, 아니면 그로부터 벗어난 새로운 길을 선택할 것인가? 업보를 받겠다는 의지를 갖고 선택한 화라면 그것 때문에 어떤 업보를 받아도 괴로워할 일이 없고, 업보로부터 벗어나기 위해 새로운 길을 선택했다면 이미 업보에서 벗어나는 길로 들어서는 것이기에 역시 괴로워할 일이 없게 된다. 인과법을 믿는 것만으로도 이미 밑져도 본전인 인생을 선택한 것이다.

문제는 자신이 진에업을 쌓고 있다는 것도 모르는 이들이다. 나름대로 인과법도 믿고, 부처님도 믿고 "화를 내지 말라"는 가르침대로 살려고 노력하는데, 뜻대로 되지 않아 괴로움 속에서 사는 이들이다. 이런 이들은 먼저 인식의 전환을 꾀해야 한다.

"화를 내지 않겠다."

이 말은 화의 원인을 상대, 또는 상황에 두고 있는 말이다. 당장 화가 올라왔는데 화의 원인을 상대에게 돌리고 '화를 내지 말자'며 참으려고 하니까 홧병도 생기고 괴로움에서 벗어날 수 없게 되는 것이다. 인과법의 기본은 모든 원인을 자신에게서 찾아야 한다. 어떠한 경우든 남탓을 하기보다 자신의 문제로 받아들여 자신이 뿌리고 있는 화의 씨앗을 찾아야 한다.

화는 '~을 하겠다'고 하고는 그것이 뜻대로 '안 된다는 마음'이 만들어내는 감정이다. 곧 무엇을 하고자 할 때 '자신이 어떻게 할 줄 몰라서 일으키는 감정'인 것이다. 따라서 화가 날 때는 '어떻게 할지 몰라서 화를 내는 것'이 화의 씨앗이라는 것을 알고, '어떻게 해야 할까?'라는 마음으로 그답을 찾는 것으로 화를 내는 괴로움에서 벗어날 수 있다. 즉 화가 올라오면 '내가 무엇을 하려고 했는데 안 된다고 화를 내고 있구나'를 챙기고, 그렇다면 어떻게 '안 된다는 마음'에서 벗어날 수 있을지 답을 구하는 기도를 해나가야 한다. 예를 든다면 이런 식이다.

로또복권에 당첨되기를 바라며 열심히 기도하는 사람이 있었다. 얼마나 간절히 기도했는지 마침내 부처님이 꿈 속에 나타나셨다.

"무엇을 하려고 나를 간절히 찾고 있느냐?"

"부처님, 로또복권 일등에 당첨되기를 바라며 간절히 기도하고 있습니다."

부처님이 그것을 몰랐으면 꿈속에 나타나기나 했을까? 그 사정을 다 아시는 부처님은 안쓰럽다는 듯이 말했다.

"네가 복권조차 구입하지 않는데 어떻게 내가 당첨을 시켜준단 말이냐?"

그러자 그는 얼른 자신이 구입한 로또복권 용지를 보여주며 말했다.

"부처님, 저 이렇게 샀는데요?"

"이것아, 마감 날짜를 보아라. 그게 어디 샀다고 할 수 있는 것이더냐?"

어쩌다 산 복권으로 마감이 지나간 줄도 모르고 당첨되기를 바라며 부처님을 찾는 사람이나 어쩌다 일으킨 발심으로 화가 왜 일어나는 줄도 모르고 화에서 벗어나기를 바라며 '진에중죄금일참회'로 부처님을 찾는 사람이나 무엇이 다를까?

몸은 마른 나무와 같고
화는 성난 불길과 같다.

그러므로 화가 일어나면

남을 태우기 전에 먼저 자기 자신을 태운다.

　- 『대장엄론경』에서

　발심한 일이 뜻대로 되지 않아 '~이 안 된다'는 생각으로
괴로워한다면 이것은 부처님의 인과법을 부정하는 진에업
의 과보라는 것을 먼저 인식해야 한다. 그래야 자신도 모르
게 일이 뜻대로 안 되는 괴로움에서 벗어날 수 있고, 무의
식으로라도 '~이 안 된다'는 생각이 올리올 때마다 '진에중
죄금일참회'를 하면서 진에업을 닦아나갈 수 있다.

　아울러 화는 자신만이 옳다는 생각에서 올라오는 경우가
많다. 『법구경』과 같이 일화 중심으로 다양한 인물들의
이야기를 다룬 경전들은 읽어가면서 세상에는 나와 다른
사람이 많다는 것을 알아가는 것도 진에업을 닦아가는 좋
은 방법이다.

10. 치암업, 잘 된다는 마음

　치암(痴闇)은 어리석음에 닫혀 있다는 뜻으로 해석한다.
탐애업에서 잠깐 언급했듯이 십이연기법의 무명(無明)과
동급으로 모든 괴로움의 원인이다. 치암(무명)이 탐애를 부

르고, 탐애가 진에를 부르고, 치암이 치암을 부른다. 따라서 우리는 치암에서 벗어나기 위해 무엇보다 먼저 인간의 모든 괴로움이 치암으로부터 비롯된다는 것을 분명히 인식해야 한다. 병의 원인을 알아야 병을 고칠 수 있듯이 치암의 원인이 치암에 있다는 것을 알아야 치암업을 닦아나갈 수 있다.

치암이 심한 사람은 부처님도 어쩔 수 없는 병에 걸린 사람이다. 그들은 부처님이 아무리 "삼계화택이 불타고 있으니 얼른 문밖으로 나오라"고 외치며 불난 집에서 뛰쳐나오는 지름길을 알려줘도 듣지 않는다. 어쩌다 간혹 들었다 하더라도 어리석음으로 귀가 막혀 믿지를 못한다. 심지어 문밖으로만 나오면 원하는 것을 다 준다고 해도 "에이, 거짓말이야"라며 콧방귀를 뀐다. 아무리 좋은 길을 알려줘도 듣지 않고 험지로 들어서서 좋아라 하는 이들을 어떻게 할 수 있단 말인가? 듣지 못하고 믿지 못하니 부처님도 이들은 구제할 수가 없다.

그런 점에서 부처님을 믿고 천수경을 읽으며 '치암중죄금일참회'를 할 수 있다는 것은 최악의 치암에서 벗어난 길에 들어선 것이니 축복받아 마땅할 일이다. 이 책을 보는 독자님들은 부처님을 믿고 따르는 것만으로도 최악의 치암에선 벗어났고, 잘하면 깨달음에 이를 수 있으니 그야말로 '밑져도 본전'인 인생을 선택한 것이니 진심으로 축복받아 마땅한 사람들이다.

치암업이 많은 사람은 아무리 좋은 말이라도 듣자마자 금방 잊는다. 아니 그 전에 아무리 쉽고 좋은 말이라도 이해하고 받아들이지 못한다. 그러다 보니 상황판단 능력이 떨어져서 주변 사람들로부터 바보 취급을 받는 이들이 많다. 하지만 치암업이 강해 아무리 어리석은 사람이라도 부처님 법을 믿고 따르면 부처님께서는 어떻게든지 깨달음의 길로 이끌어주셨다.

석가모니 부처님 당시에 주리반특가라는 머리가 둔한 사람이 있었다. 두 마디 말 중에 앞의 말을 가르쳐 주면 뒤의 말을 잊어버리고 뒤의 말을 가르쳐 주면 앞의 말을 잊어버릴 정도로 머리가 나빴다. 그가 자신의 신세를 한탄하며 울고 있을 때 부처님을 만났고, 그의 하소연을 들은 부처님은 그에게 말씀하셨다.

"너는 자신이 어리석어 금방 들은 말도 금방 까먹는다는 것을 알고 있으니 그만큼은 지혜로운 사람이다. 그러니 지금부터 내 말을 듣고 따라 하거라. 그러면 깨달음을 얻을 수 있을 것이다."

부처님은 주리반특가에게 빗자루를 주면서 그것과 연관된 것으로 "먼지를 털고 때를 닦자"라는 말을 일러 주고는 항상 이 말을 외우면서 청소를 하라고 했다. 그때부터 주리반특가는 "먼지를 털고 때를 닦자"는 말을 반복적으로 외우기 시작했다. 처음에는 청소하고 나고 돌아서면 금방 잊어버렸지만, 그때마다 부처님을 믿고 꾸준히 쉬지 않고 꾸준히 반복해서 외운 덕분에 마침내 그 말의 뜻을 알게 되었다.

"티끌과 때에는 '마음에서 생기는 탐진치의 때'와 '밖에서 묻어오는 오물'과 같은 두 가지 의미가 있습니다. 탐진치를 닦지 않으면 자신과 남을 불행에 빠트리고, 오물을 닦지 않으면 사람들이 외면하게 될 것입니다."

그의 말을 들은 부처님은 크게 칭찬을 했다. 이에 그 자리에 있는 제자들이 놀라자 부처님은 그들에게 주리반특가의 전생 이야기를 해 주었다.

"주리반특가는 과거 가섭부처님 당시에 뛰어난 능력을 갖춘 비구였는데, 그때 우둔한 비구를 비방하고 조롱한 업보로 우둔하게 태어났지만, 자신이 어리석은 줄 알고 부처님을 믿고 따른 덕분에 결국 깨달음을 이룬 것이다."

아무리 어리석은 사람이라도 어리석을 줄 알면 그만큼 지혜로운 사람이다. 반면에 아무리 배운 게 많고 똑똑한 사람이라도 본인이 어리석은 점이 있다는 것을 모르면 그것은 정말 어리석은 사람이다. 어리석은 사람은 남의 말을 듣지 않는다. 남의 말을 듣지 않으니 자신이 무엇을 잘못하고 있는지 알 길이 없다. 오죽하면 아는 것이 병이고, 아는 것이 많을수록 부처님 가르침과는 거리가 멀어진다는 말이 생겼겠는가?

치암은 공부하는 이가 최고로 경계해야 할 업이다. 특히 남들보다 암기력이 뛰어날수록, 남들보다 배운 것이 많을수록, 남들보다 언변이 뛰어날수록 더욱 경계해야 할 업이다. 치암의 치(痴) 자에는 '어리석다'와 함께 '미치광이'라는 뜻도 있다. 치암업을 인정하고 수행으로 닦지 않은 채로 공부만 하다 보면 아는 것이 늘어나면서 스스로를 감당하지 못해 어느 한 순간 미치광이로 전락할 수 있다는 것을 분명히 알아야 한다.

치암업은 '~이 잘 된다'는 생각으로 찾아온다. 공부하는 과정에서 이런 생각이 들면 얼른 들뜬 감정을 내려놓고 치암업을 살펴야 한다. 이럴 때일수록 더욱 첫 마음 냈던 때를 떠올리며 그것을 통해 얻으려고 했던 것이 무엇인지를 챙겨나가야 한다.

'~이 잘 된다'는 생각에 취한 사람들은 대개 자신만 생각하고 주변 사람들을 힘들게 한다. 이런 사람들이 가장 많이 모여 있는 곳이 정신병원과 광신도들로 채워진 사이비 종교집단이다. 그곳에 있는 사람들은 자신의 생각에 취해 절대로 남의 말을 듣지 않는다. 자신들은 하늘을 얻고 천상세계를 얻어 들떠 있지만, 주변 사람들은 고통과 괴로움에서 벗어날 길이 없다. 그나마 병원에 입원해서 늦게라도 주변 사람들이 자신으로 인해 겪는 고통을 보며 피폐해진 자신의 육체와 정신을 돌아볼 수 있는 기회를 갖게 되는 이들은 다행이다.

대부분의 사람들은 치암에 빠져 살아 가면서도 자신이 무엇을 잘못했는지도 모른다. 그 어리석음이 괴로움의 근본인 탐애를 일으키고, 그 탐애로 인해 또 어리석음을 키우며 괴로움으로 이뤄진 윤회의 수레바퀴를 돌리게 되는 것이다.

무슨 일이든 잘 나갈 때 더욱 조심하라는 말이 있다. 치암업으로 빠지는 것을 경계하는 말이다. 잘 나갈 때는 그저 지금 하는 일만 하던 이들이 '~이 잘 된다'는 생각에 취하면서 다른 곳으로 눈을 돌리다가 한순간에 망해버리는 경우가 많다. 이런 이들을 반면교사로 삼아 '~이 잘 된다'는 생각이 올라올수록 '치암중죄금일참회'를 되새기면서 첫 마음을 바투 잡아야 한다.

치암업을 닦으려면 '자신이 아는 것'을 버리고 '모르는 것'을 먼저 선택해야 한다. '모르는 것'을 선택해야 부처님의 말씀도 들을 수 있다. 부처님의 말씀을 들어야 남의 말도

들을 수 있다. 부처님의 말씀을 들어야 어디에서도 듣지 못했던 새로운 세계를 접할 수 있고, 새로운 세계를 접할 때 비로소 치암업에서 벗어날 수 있다.

　‘이뭐꼬?’
　‘오직 모를 뿐!’

　치암업은 이 책을 기획하고 집필하면서 가장 두려워하며 경계했던 업이다. 아직 배울 것이 많은데 나는 어쩌자고 이렇게 아는 쪽을 선택해서 책까지 쓰려고 하는가? 나부터 치암업에 갇혀 아는 쪽을 선택해서 아는 것을 병으로 살아가는 치부를 드러내는 것은 아닌가?
　지금도 이런 생각이 올라오면 아는 것을 선택해서 옮겨놓은 이야기들이 다시 한번 두려워진다. 나 역시 이렇게 치암업에 끄달리며 공부와 멀어지는 길을 가는 것은 아닌가?
　그때마다 챙기고 챙긴 것이 바로 위의 화두다. 치암업의 두려움 속에서도 책을 내고자 하는 ‘이것은 무엇인가?’, ‘이 무엇인가?’, ‘이뭐꼬?’를 반복하면서 챙기고 챙길 뿐이다.
　지금 이 순간에도 치암업의 굴레를 벗기 위해 ‘오직 모를 뿐! 이뭐꼬?’를 반복하면서 챙기고 챙길 뿐이다.
　그럼에도 불구하고 용기를 낸 것은 이렇게 아는 만큼이라도 내놓다 보면 모르는 것을 더 많이 알게 되고, 혹시라도 이 책을 통해 인연있는 이들이 발심하고 함께 모르는 것을 알아가는 길에 들어섰으면 하는 발원이 앞섰기 때문이다.

독자님들은 이 책을 통해 저자인 내가 모르는 것을 알아가는 길에 들어서면서 그동안 안다고 생각했던 것들을 비우기 위해, 즉 부처님의 참 가르침으로 다시 채우기 위해 그동안 가득 차 있던 식공부를 비워내는 노력을 기울이고 있다고 봐주셔도 좋다.

'오직 모를 뿐!'

'이뭣꼬?'

육바라밀 훑어보기

행복을 위해
꼭 실천해야 할 것들

마음공부의 핵심은 실천이다. 아무리 많은 참회를 하고, 아무리 많은 기도를 하고, 아무리 많은 수행을 했어도 실천이 없으면 그것으로는 진정한 행복이라는 열매를 거둘 수가 없다. 콩밭을 다지고 콩알을 골랐으면 이제 뿌려야 하듯이 참회기도와 바른 생각을 세웠으면 이제 실천해야 한다. 실천으로 뿌린 씨앗만이 열매를 맺을 수 있다.

마음공부를 이론으로만 하는 이들은 축생공부를 하는 것이라 했다. 아는 것은 많아서 어떻게든 써먹으려고 세상 사람들에게 어쩌고 저쩌고 하는데, 그것으로 오히려 분란만 일으키기 십상이다. 마치 축생들이 자기 욕심을 채우기 위해 주변을 헤집어 놓으면서 분란을 일으키는 것과 같다. 이런 사람은 배워서 아는 게 많은 것이 오히려 자신의 삶을 불행으로 이끌어 간다.

마음공부를 이론으로만 아는 것이 얼마나 허망한 일이지 알아채는 간단한 실험이 있다. 독자님들도 이쯤에서 한번 진지하게 따라 해봤으면 한다.

• 이론공부만의 허망함 깨닫기

일제강점기의 악몽 때문에 일본을 안 좋게 생각하는 이들도 많지만, 만화나 영화, 문학 작품들을 통해 일본의 '사무라이 정신'을 미화하는 것을 많이 접하면서 일본을 동경하는 이들도 많은 것이 사실이다. 그들은 '닌자'라는 영화를 보고 암살단에 불과했던 '닌자'마저 '사무라이'와 동격으로 취급하며 좋게 보는 이들이 많다. 한때는 '닌자거북이'라는 만화와 영화가 유행하며 '닌자'에 대해 호감을 갖게 된 아이들이 지금의 청년층을 형성하며 일본에 대해 호감을 갖는 이들도 많다. 여기까지는 본론으로 가기 위한 사설이다. 이제 바로 실험에 들어가 보자. 이제 독자님들도 직접 따라해 보자.

먼저 "닌자거북이, 닌자거북이"를 입으로 소리내어 발음해 보자. 그렇게 연달아 다섯 번을 반복해 보자.

"닌자거북이, 닌자거북이, 닌자거북이, 닌자거북이, 닌자거북이!"

이제 다섯 번을 소리내어 발음했으면 다음 퀴즈에 맞는 답을 해보자.

"세종대왕이 발명한 배는?"

"……?!"

다시 한번 점검해 보자.

세종대왕이 발명한 배는?

그러면 이제 크게 다섯 부류의 독자가 형성될 것이다. 당신은 어디에 해당하는가?

첫째는 즉자적으로 "거북선"하는 이들이다.

둘째는 '세종대왕이 배를 발명했다고?'라며 의문을 갖는 이들이다.

셋째는 '아, 나 저 실험 알아? 세종대왕이 발명한 배는 없어. 닌자거북이로 뇌에 혼란을 줘서 관심을 집중시키는 문제야.'라고 생각하는 이들이다.

넷째는 '저거 언제적 실험인데 지금도 써먹은 거야?'라며 피식 미소를 짓는 이들이다.

다섯째는 공부하는 이들이 가장 경계해야 할 유형이다. 아는 것으로 주변 사람들에게 미움을 받을 짓을 하는 것이다.

실제로 이런 일이 있었다. 20여명의 학생들을 대상으로 이 실험을 하려고 했다. 그런데 '닌자거북이' 이야기를 꺼내는 순간 한 학생이 손을 들고 이렇게 말했다.

"선생님, 저 그 퀴즈의 답을 아는데요?"

"그래, 답이 뭔데?"

"세종대왕이 발명한 배 없어요. 거북선은 이순신 장군이 발명한 거잖아요?"

그 말을 하는 순간 나머지 19명의 아이들이 싸한 분위기를 만들며 이 학생을 흘겨보고 있었다. 뭔가 재미있는 게임인 것 같은데 초를 쳤다는 원망을 담은 표정이었다. 그래서 이 학생에게 재차 물었다.

"이거 어디서 배웠는데?"

"지난 방학 때 학습 캠핑 가서 배웠어요."

"그래, 좋을 걸 배웠네. 하지만 지금 주위를 돌아봐라. 친구들이 너를 어떻게 생각하는지…."

친구들은 평소에도 잘난 체하는 것이 많아서 좋게 보지 않았는데, 이번에도 저만 아는 것으로 재미있는 실험 분위기를 깨트린 것에 대해서 노골적으로 불만을 표시하고 있었다.

"이 퀴즈는 바로 아는 것이 많다고 무조건 좋은 게 아니라는 것을 일깨워주는 실험을 하려고 한 것인데, 네가 바로 그걸 이 자리에서 증명해 주고 있잖아? 네가 이걸 몰랐다면 지금처럼 친구들에게 미움을 받았을까?"

학생은 얼른 분위기를 눈치채고 잘못을 받아들였다.

그나마 학생은 아직 순수하니까 이렇게 바로 잘못을 지적하며 공부를 시킬 수 있다. 하지만 어른들을 상대로 할 때는 그 사람이 상처를 받을까 봐 이런 말도 제대로 하지 못한다. 그러다 보니 평생 그렇게 아는 것으로 잘난 체하는데 쓰느라 남들에게 미움받는 일을 하게 되는 것이다.

마음공부를 이론으로만 하면 바로 이처럼 오히려 모르는 것만도 못한 경계로 빠질 수 있다. 따라서 이론으로만 밝은 축생공부에 빠져들지 않으려면 반드시 실천을 통해 아는 것을 생활의 지혜로 활용해서 주변 사람들에게 사랑과 존경을 받을 수 있도록 해야 한다. 자신이 다섯째 부류의 아는 것으로 잘난 체하며 주변 사람들로부터 미움받는 사람이 되고 있지는 않은지 늘 경계해야 한다.

요즘은 마음공부를 기도와 명상 위주로 하는 이들이 많다. 명상은 참선과 비슷한 것이 많기에 엄밀한 의미에서 불교 수행법의 하나라고 볼 수 있다. 실천이 뒷받침되지 않은 이론 위주의 공부가 축생 공부라면, 반대로 이론공부가 뒷받침되지 않은 기도와 명상위주의 공부를 귀신공부라 했다. 기도와 명상을 하다보면 자신도 모르는 경계를 많이 만나게 된다. 그때 올라오는 경계를 이론으로 알아차리지 못하면 그야말로 귀신이 씌인 듯한 행동을 하면서 공부를 안하는 것보다 못한 경계로 떨어지는 것이다.

실제로 신내림을 받는 무당들과 광신도들은 엄청난 기도를 한다. 그래서 남이 보지 못하는 것을 보고, 남이 듣지 못하는 소리를 듣는 능력을 갖게 되는 경우가 있다.

그들이 올바른 이론공부를 통해 그 현상의 실체를 제대로 이해하고 파악한다면 올바른 실천을 하게 될 것이다. 하지만 그들은 그것을 뒷받침하는 이론이 없다 보니 정작 자신의 운명도 제대로 다루지 못하면서 남의 운세나 봐주거나, 길거리에 나서서 저만 믿는 신을 믿으라며 소리치는 남들이 보기에는 그야말로 귀신이 곡할 노릇 같은 소리를 하게 되는 것이다.

마음공부를 제대로 하려면 기도와 명상을 할 때 반드시 이론공부를 병행해야 한다. 그래야 귀신이 곡할 노릇을 하는 경계로 떨어지지 않을 수 있다.

육바라밀은 '자리이타', '자기와 남', '부처와 중생', '윤회와 열반'을 다르다고 보지 않는 대승불교의 사상을 근본으로 하고 있다. 자리이타(自利利他), 즉 자신도 이롭고 남도 이롭게 해주는 이상적인 보살들의 실천행이자 깨달음으로 이르는 공부법이다. 명상하는 사람들이 꼭 챙겨야 할 실천 사항이다. 명상하는 목적을 더 빨리, 더 쉽게 이루게 해주는 공부법이니 더욱 심혈을 기울여 닦아나가야 한다.

보시바라밀,
잘 주고 잘 받아야

1.

『성 프란체스코』라는 영화에서 거부의 아들로 태어나서 전쟁에 나갔다가 겨우 목숨만 부지한 채 돌아온 청년 프란체스코는 사람들이 전쟁과 굶주림으로 죽어가는 것을 보고 고민에 빠진다. 그들을 위해 신앙인으로서 자신이 할 일이 없다는 것에 좌절하고 방황한다. 그때 자선봉사로 가난한 이들을 위해 옷을 나눠주고 있는 약혼녀를 보고 말한다.

"지금 뭐하고 있는 건가요?"

"보시다시피 가난한 이들을 위하여 옷을 나눠주고 있습니다."

약혼녀의 말을 듣고 프란체스코가 말한다.

"당신은 지금 사치를 즐기고 있군요."

애인은 그가 자신을 비웃는다고 생각해서 되묻는다.

"그럼, 당신은 무엇을 하고 있는데요?"

프란체스코는 무기력한 표정으로 말한다.

"저는 지금 아무것도 안 하고 있습니다."

2.

　달마대사가 인도에서 중국으로 갔을 때 중국은 남북조 시대였다. 달마가 제일 먼저 도착한 것은 양나라였다. 양무제는 불교를 적극적으로 받아들여 국교로 정하고, 수많은 절을 세우고, 수많은 스님을 양성해서 황제보살이라 불릴 정도였다. 인도에서 고승이 왔다니까 얼른 불러들여서 그동안 자신이 한 일들을 나열하며 물었다.

　"나는 그동안 수많은 절을 세우고, 수많은 스님들께 공양과 보시를 했는데 이 공덕이 얼마나 되겠습니까?"

　달마대사는 그 말을 듣고 단 한마디로 답했다.

　"없습니다."

　양무제는 달마의 답에 실망하고 인상을 찌푸렸다. 달마대사는 그 자리에서 양무제의 인간됨을 알아보고 여기 있어서는 안 되겠다 싶어 그곳에서 나오자마자 얼른 양자강을 건너 위나라로 가버렸다.

청년 프란체스코는 인간이 누구보다 이기적인 동물이라

는 것을 알고 있었다. 주변에 수많은 사람들이 헐벗고 굶주림에 시달리고 있는데 그들보다 훨씬 많은 것을 갖고 있으면서 그들을 위한다는 생각으로 베푸는 것은 자신을 위한 사치라고 본 것이다. 종교인과 성직자들이 헐벗고 굶주리는 이들을 위해 베푸는 것은 당연히 해야 할 일이다. 그런데 당연히 해야 할 일을 하면서 이타적인 선행으로 포장한다면 그것만큼 큰 사치가 또 어디에 있겠는가? 약혼자는 그런 사치도 하지 않는 이들보다는 착한 사람이다. 하지만 프란체스코는 진정으로 헐벗고 굶주리는 이들을 위한다면 그들을 그렇게 만든 사회를 근본적으로 바꿔야 한다고 생각했다. 그는 이런 고민으로 방황하며 오랜 구도생활을 한 후에 당시 교회를 중심으로 부를 축적하던 당시의 성직자들과 달리 청빈을 바탕으로 탁발을 하며 베푸는 것을 근본으로 하는 성프란체스코 수도회를 성립해서 많은 이들의 존경과 사랑을 받았다.

우리 주변에는 양무제처럼 자신이 한 일을 과시하는 이들이 많기에 달마대사가 "없습니다"하고 돌아선 이유를 쉽게 이해하는 이들이 많다. 이들은 남을 위해 베푼 공덕보다 남을 위해 베풀었다는 것을 과시하는 업보가 더 크다고 본다. 실제로 양무제는 자신의 공덕만 믿고 군신의 간언을 듣지 않다가 비참한 최후를 맞게 되고 사후에 나라도 망하게 만들었다. 베푸는 행위가 자신을 위한 것임을 인정하지 않고 이타적인 행위로만 보다 보니 오히려 더 많은 것을 잃게 된 것이다.

보시를 남을 위한 선행으로 보는 이들이 많다. 남을 위한 희생과 헌신을 이타행(利他行)으로 보는 이들도 많다. 보시는 사회적인 약자들을 위한 이타행으로 남을 위해 베푸는 것은 건전한 공동체 사회를 위해서 적극적으로 권장해야 할 미덕임이 분명하다. 하지만 보시를 선행이나 이타행으로만 보면 정말 행하기 어려운 일이 된다. 인간은 기본적으로 이기적일 수밖에 없는 동물인데, 남을 위한 이타행으로 보시를 한다는 것이 얼마나 힘든 일이겠는가?
양무제처럼 청년 프란체스코의 약혼자처럼 베푸는 것을 상대를 위한 이타적인 일로만 생각하는 이들이 꼭 챙겨야 할 명언이 있다.

"사람은 자신에게 잘해 준 사람보다 자신이 잘해 준 사람에게 더 호감을 갖는다."

미국의 철학자이자 정치가인 프랭클린이 젊었을 때 거물급 정치인을 상대로 승리했을 때의 일이다. 프랭클린을 아끼는 동료들은 선거 운동을 하면서 거물급 정치인과 대결했던 그의 경력이 오히려 정치인으로서 독이 될 수 있는 상황을 이렇게 조언했다.

"지금은 이겼지만 앞으로 정치인으로 성공하려면 그 분과 좋은 관계를 유지해야 해. 그러니 먼저 찾아가서 선거 기간에 있었던 일을 사과하고 관계를 잘 맺도록 해보게."

그때 프랭클린은 동료들의 조언을 받아들였지만 사과하기보다 오히려 상대가 거절하기 힘든 부탁을 먼저 했다.

"의원님, 얼마 전에 의원님 서재에서 제게 꼭 필요한 책을 봤는데 그 책을 빌려주시면 정말 감사하겠습니다."

프랭클링은 그때 '사람은 자신이 잘해 준 사람에게 더 호감을 갖는다'는 심리를 이용해서 상대가 거절하기 힘든 부탁을 하고, 상대가 자신을 위해 뭔가 베풀었으니 자신에게 호감을 갖게 될 것이라고 생각했다. 프랭클린의 의도대로 책을 빌려준 상대는 프랭클린에게 호감을 보이기 시작했고, 그렇게 맺어진 관계를 통해 평생 후원자가 되었다.

여기에서 상대가 거절하기 힘든 부탁으로 먼저 베풀게 만들어 호감을 갖게 하는 것을 '프랭클린 효과'라는 말이 생겼다.

자신에게 베풀어 준 사람한테 갖는 호감보다 자신이 베풀어 준 사람한테 갖는 호감이 더 크다니 프랭클린 효과는 베푸는 것이 얼마나 이기적인 것인가를 잘 보여준다. 베푸는 것은 선행이나 이타적으로만 생각하는 이들이 정말 신중하게 받아들여야 할 부분이다.

인간의 이런 심리는 가까운 부부, 부모자식, 형제, 이웃 간의 문제에서 갈등의 원인으로 작용한다. 베푼 사람은 평생 그 사실을 잊지 않고 있는데, 받은 사람은 그것을 금방 잊는다. 그러다 보니 서로가 해준 것만 기억하는 경우가 많다. 문제가 생겼을 때 서로에게 '내가 얼마나 잘해줬는데….'라는 생각을 하며 갈등을 더욱 키우게 되는 것이다.

따라서 지혜로운 사람이라면 서로의 심리를 잘 알기에 베푼 것은 얼른 잊고, 받은 것을 더 오래 기억하며 감사하는 마음을 가져야 한다. 그래야 문제가 생기더라도 '나에게 그럴 사람이 아닌데….'라는 생각으로 갈등을 쉽게 풀어나갈 수 있다.

추운 겨울날 거지가 헐벗은 차림으로 구걸하고 있었다. 그 모습이 너무 안쓰러워 행인이 공덕을 쌓겠다는 마음으로 입고 있던 두터운 털외투를 벗어주며 말했다.

"이 옷을 입고 부디 추위를 이겨 내시오."

거지는 씨익 웃으며 외투를 받아 들고는 행인에게 연신 고맙다며 고개를 조아렸다. 한참 후에 행인은 볼 일을 마치고 다시 그 자리를 지나게 되었다. 그런데 자신이 준 외투는 보이지 않고 거지는 여전히 헐벗은 차림으로 구걸을 하고 있었다. 행인이 안쓰럽다는 듯이 말했다.

"이보시오. 아까 준 외투는 어쩌고 아직도 이렇게 추위에 떨고 있단 말이오."

거지는 귀찮다는 듯이 행인을 보고 말했다.

"이보시오. 당장 먹을 것이 없어 구걸하는데 지금 내가 그 좋은 외투를 입고 있으면 누가 적선을 하겠오."

"그렇다면 입지 않을 옷을 아까는 왜 그렇게 고맙다며 머리를 조아리며 받았소?"

"그거야 당신이 좋아하라고 그런 것 아니오. 그렇게 좋은 옷을 준 당신이 그 정도 호사를 누리지 못한다면 어찌 다시 베풀려는 마음을 내겠오?"

행인은 거지가 오히려 자신을 위해서 구걸하고 물건을 받아줬다는 말에 빈정이 상해서 따지듯이 말했다.

"나를 위해서 받았다고요? 그런 억측이 어디 있소. 그 외투는 내게도 중요한 것이니 입지 않을 거면 다시 돌려주시오?"

거지는 행인을 똑바로 보고 말했다.

"그 옷은 이제 내 옷이오. 줄 때는 온갖 호사를 다 누려놓고 다시 달라니 너무 구차하지 않소. 괜히 복 깎아 먹는 소리 말고 아까 베풀 때 고맙다는 말을 듣고 기뻐하며 누렸던 호사나 챙기시오."

"……?!"

충분히 베풀 능력을 갖춘 사람이 베풀어 놓고 베푼 것을 내세우는 것은 베푸는 행위로 호사를 누리는 것일 수 있다. 고급 레스토랑에 가서 갖은 서비스를 다 받아가며 호사를 누리려면 그만한 지출이 필요하다. 거지 앞에서 호사를 누린 만큼 외투는 그 서비스 비용으로 이미 지출된 것으로 볼 수 있어야 한다.

이처럼 상대에게 보시할 때는 상대가 받아준 것만으로도 호사를 누렸다고 생각할 수 있어야 한다. 상대에게 무엇을 주었으면 이미 그것은 상대의 소유라는 것을 인정하고 상대가 그것을 어떻게 쓰든 걸리지 말아야 한다.

그런데 많은 이들은 행인처럼 자신이 준 것을 상대가 잘 쓰고 있는지 확인하려고 한다. 상대를 위해서 보시했다고 생각하기 때문이다.

내가 받는 사람이 되어보면 그 마음을 알 수 있다. 상대가 내게 무엇을 주고는 수시로 그 쓰임을 확인한다면 마음이 편하겠는가? 상대의 물건을 떠안고 감시를 당하는 꼴이니 차라리 안 받은 것보다 못한 일을 겪게 되는 것이다.

누가 당신에게 시계를 선물해주고 항상 차고 다니는지 확인한다면 기분이 어쩌겠는가? 저 사람이 나에게 시계를 준 것인지, 내게 시계를 채워놓고 대리만족을 느끼는 것은 아닌지 헷갈리지 않겠는가?

따라서 줄 때는 확실하게 준 것으로 자기만족을 느끼고

더 이상 그 물건에 대해서 어쩌려고 하지 말아야 한다. 그
것이 진정으로 상대를 위해 준 것이고, 그것이 곧 상대가
나를 좋아하게 만드는 길이다.

『화엄경』 '십지품'에서는 보시바라밀을 보살이 처음으
로 불법의 이치를 깨달아 기쁨을 느끼는 환희지(歡喜地)로
표현했다. 남에게 베푸는 것은 누구보다 먼저 자신에게 큰
기쁨을 주는 일이라는 뜻이다.

실제로 베풀어 본 사람들은 안다. 베푸는 것이 받는 것보
다 얼마나 더 큰 기쁨을 얻는지. 받을 때는 '어떻게 갚아야
하나?'라는 부담감을 느낄 수도 있지만, 조건없이 베풀 때
는 자신이 베풀 것이 있다는 것에 만족을 느끼며 더 큰 기
쁨을 얻게 된다. 그래서 베풀어 본 사람이 계속 베풀며 베
푸는 기쁨을 누리는 것이다.

보시바라밀은 상대를 위한 이타적인 행동이라고 하지만,
사실은 자신을 위한 이기적인 행동이다. 단지 이기적이라
고 하면 부정적으로 보는 이들이 많아서 이타적이라는 말
을 쓸 뿐이지 본질에서는 이타적인 것이 가장 이기적인 것
이다.

"베푸는 게 좋은 줄 알겠는데 저는 가진 것이 없으니 어떻게
베풀 수 있나요?"

보시바라밀을 말하면 꼭 이렇게 토를 다는 이들이 있다. 그런 이들을 보면 매사에 부정적이며, 그것을 인상으로 표현해서 오만상을 짓는 경우가 많다. 그러다 보니 될 일이 제대로 될 리가 없고 베풀 것이 생길 리가 없다.

어떤 사람이 아무리 행복하게 살고 싶어도 행복할 일이 없다 보니 너무 괴로워서 부처님을 찾아가 여쭈었다.

"부처님, 하는 일마다 되는 일이 없어 괴로운데 어떻게 하면 좋겠습니까?"

"베풀며 살아야 하느니라."

"저는 가진 게 없어 베풀 것이 없는데, 어떻게 베풀라는 말씀이신가요?"

"그건 네가 물질만 생각하기 때문이다. 아무리 가진 것이 없어도 누구나 베풀 수 있는 일곱 가지가 있느니라. 첫째 화안시(和顔施), 웃는 얼굴로 베푸는 것이다. 둘째 언시(言施), 말로 베풀어 상대를 기쁘게 해주는 것이다. 셋째 심시(心施), 고운 마음으로 상대의 마음을 풀어주는 것이다. 넷째 안시(眼施), 눈으로 베푸는 것으로 상대를 진실하게 대하는 것이다. 다섯째 신시(身施), 몸으로 베푸는 것으로 힘을 써서 도와주는 것이다. 여섯째 좌시(坐施), 자리를 양보하는 것으로 베풀어주는 것이다. 일곱째 찰시(察施), 상대에게 묻지 않고 속을 헤아려 베풀어 주는 것이다."

부처님 말씀에도 베푸는 것은 자신을 위하는 일임을 알수 있다. 생각해 보자. 웃는 얼굴, 고운 말 쓰고, 고운 마음갖고, 진실한 눈으로 세상을 보고, 몸으로 실천하고, 배려하는 마음은 누구를 위한 것인가? 다 자신을 위한 것이 아닌가? 다 자신이 행복하게 살기 위해 갖춰야 할 것들이 아닌가? 그런데 누구를 위해 베풀 것이며, 누구를 위해 베풀었다는 마음을 낼 것인가?

• 무재칠시 실습하기

'무재칠시'를 이론만이 아니라 실천으로 옮기는 힘을 얻으려면 잠시 편안히 눈을 감고 실습해 보자.
먼저 몸을 편안히 하자. 앉아도 좋고 누워도 좋다. 앞에 거울이 있으면 더욱 좋다. 거울이 없다면 내 앞에 사랑하는 사람이 있다고 생각해도 좋다. 어쨌든 몸을 편안히 하고 내 몸이 허공과 하나가 되어 간다고 생각하자. 그런 다음에 무재칠시를 한 번씩 실습해 보자.

첫째, 화안시. 환하게 웃는 얼굴을 만들어 보자. 입꼬리를 올리

고, 이마가 환하게 빛난다고 생각하고, 눈매에 편안한 미소를
지어보자.

둘째, 언시. 내가 할 수 있는 가장 아름다운 말을 해보자. 내 앞
에 사랑하는 이가 있다는 생각으로 얼굴에 환하게 미소를 지으
며 상대가 좋아할 말을 해보자. 적어도 세 가지 정도는 소리내
어 밖으로 표출해 보자.

셋째, 심시. 마음을 곱게 갖는다는 것이 무엇인지 생각해 보자.
내 앞에 앉아 있는 사랑하는 이에게 그 마음을 고스란히 전하
는 모습을 상상해 보자. 환한 얼굴과 고운 말로 상대의 마음을
풀어주는 마음을 가슴 깊숙이 새겨보자.

넷째, 안시. 눈은 진실을 나타내는 창이라고 했다. 상대의 눈동
자에 어리는 내 모습을 '눈부처'라고 한다. 내 눈에도 상대의
'눈부처'가 어떤 모습을 하고 있을지 진실한 마음으로 살펴보
자.

다섯째, 신시. 세상을 다 가져도 건강을 잃으면 무슨 소용이 있
으랴. 먼저 내 몸이 건강한 모습을 떠올려보자. 아픈 데 없이
건강한 사람이라면 그 자체만으로도 감사를 느끼고, 내 몸을
활용해서 사랑하는 이들에게 베풀어 줄 수 있는 것이 무엇인지

생각해 보자. 어디 불편한 곳이 있는 분이라면 그 쪽보다 건강하게 움직일 수 있는 부분을 떠올리며, 그 몸을 움직여서 사랑하는 이에게 해줄 수 있는 것이 무엇인지 생각해 보자.

여섯째, 좌시. 상대에게 방석이나 의자를 챙겨주어 편안한 자리를 만들어 주는 상상을 해보자. 좌시는 자리만 챙겨주는 것이 아니라 상대의 지위와 역할을 챙겨주는 것도 포함된다는 것을 명심하자. 부모님께는 부모의 자리를, 아내에게는 아내의 자리를, 자식에게는 자식의 자리를, 상사에게는 상사의 자리를, 부하에게는 부하의 자리를 챙겨주는 것도 좌시의 중요한 실천행위다. 지금 내가 관계에 문제를 겪고 있는 사람을 떠올리며 그 사람의 자리에 맞게 챙겨준다는 것이 무엇인지 가만히 챙겨보자.

일곱째. 찰시. 가장 어려운 일이다. "여보, 나 이뻐?" 하는 말에 속지 말고 그 말을 하는 뜻이 무엇인가 챙기는 것이다. 평소에 상대를 배려하는 마음을 가졌을 때 가능한 일이다. 자신이 얼마나 사랑하는 이를 배려하고 있는지 가만히 생각해 보자.

보시바라밀은 색불이공 공불이색처럼 주는 것과 받는 것은 둘이 아니다. 주는 것이 곧 받는 것이고 받는 것이 곧 주는 것이다. 따라서 받는 것도 잘 해야 한다.

상대가 나에게 뭔가를 준다는 것은, 그것이 물질이든 마음이든 관계를 맺으려는 노력이다. 따라서 상대가 좋은 것을 주면 기쁜 마음으로 잘 받으면 되고, 나쁜 것을 줘도 기쁜 마음으로 잘 받으면 된다. 설사 지금 나에게 아무 쓸모없는 물건이나 심지어 욕을 주더라도 잘 받으면 그것을 통해 상대와 관계를 잘 맺어갈 수 있다.

스님들을 아무 일도 하지 않고 구걸이나 해서 먹고 사는 거지로 취급하는 부자가 있었다. 얻어먹는 주제에 주는 사람에게 공덕을 베풀기 위해 걸식한다는 스님들을 보면 배알이 꼬일 정도였다. 그래서 스님이 걸식하러 오면 골탕을 먹이려고 단단히 벼르고 있었다.

인근에는 부처님의 가르침대로 하루도 거르지 않고 마을로 내려와 차례대로 일곱 집을 돌며 걸식하면서 수행하는 큰스님이 있었다. 그날은 일곱 번째로 부자의 집을 찾아 목탁을 두드리고 있었다. 부자는 그때만을 기다렸다는 듯이 똥바가지에 가득 똥을 담고 있다가 스님이 바랑을 내밀자 그곳에 쏟아 부었다.

"옛다, 똥이나 실컷 먹어라."

"나무아미타불 관세음보살!"

큰스님은 냄새가 확 나는 똥이 바랑에 채워지면서 기존에 받았던 공양물조차 먹지 못할 상황이 되었음에도 얼굴색 하나 변하지 않고 끝까지 공양에 대한 복덕을 빌어주었다. 스님이 화를 내면 똥바가지를 치켜들고 쫓아내려던 부자는 당황해서 잠시 멍하니 있었다. 그러다가 얼른 정신을 차리고 스님이 절에 가서 자신을 욕이라도 하면 "역시 너도 별 수 없다"며 혼내주려는 심산으로 미행해서 스님을 따라갔다.

큰스님이 똥물을 뒤집어쓰고 오자 제자들이 난리법석을 피웠다. 당장 부자집에 가서 혼을 내주자고 핏대를 세우는 이도 있었다. 하지만 큰스님은 아무 말도 하지 않고 팽이를 들고 큰 나무 밑으로 갔다. 그리고 그곳에 구덩이를 파고 바랑에 든 똥물을 붓고 다시 흙을 덮어주며 부자를 향해 축원하고 있었다.

"부디 부자가 이렇게 귀한 거름을 보시한 공덕으로 행복하기를 바랍니다."

그 모습을 몰래 지켜보던 부자는 그 자리에서 자신의 잘못을 깨닫고 얼른 큰스님 앞으로 나와서 무릎을 꿇고 잘못을 빌었다. 이후에 그는 큰스님이 계시는 절에 큰 시주자가 되었다.

세상에 쓸모없는 것은 없다. 똥물이라도 나무의 거름으로 쓸 수 있지 않은가? 따라서 상대가 주는 것은 다 기쁜 마음으로 받을 수 있어야 한다. 그것이 좋은 것이면 상대의 호감이 실린 것이고, 그것이 나쁜 것이면 상대가 관계개선을 요구하는 것이다. 좋은 것을 잘 받아주면 호감을 쌓아갈 수 있고, 나쁜 것을 잘 받아주면 관계를 개선해 나갈 수 있다.

보시바라밀, 주는 것과 받는 것이 다르지 않다. 줄 때도 정성으로 주고, 받을 때도 정성으로 받아야 한다. 아울러 주고 받는 것에는 물질보다 더 중요한 마음이 있다는 것을 알아야 한다. 상대에게 무엇을 줄 때는 나를 위해 줬다는 마음으로 그때에 누렸던 기쁨을 간직하고, 상대에게 받을 때는 상대를 향해 무재칠시로 큰 기쁨을 주며 보답할 줄 알아야 한다. 이론이 아니라 실천으로 직접 행할 줄 알아야 한다.

지금 당장 쉽게 할 수 있는 화안시라도 해보자.
입꼬리를 올리고 미간을 펴고 이마가 환하게 빛난다는 생각으로 화알짝!
웃는 얼굴에 웃는 일이 생긴다.

지계바라밀,
새로운 것을 얻으려면

지계바라밀(持戒波羅蜜)은 계율(戒律)을 지켜 몸과 마음을 청정하게 하는 것이다. 원래 계(戒)는 좋은 습관을 들이도록 몸과 마음을 조정하는 윤리적인 규범을 뜻하고, 율(律)은 불교 교단을 유지하기 위해 '~하지 말라'는 금기로 정한 규칙을 뜻한다.

계율의 분류는 경전에 따라 차이가 있으나 일반적으로 널리 알려진 것에는 출가수행자를 위해서는 비구계 250가지, 비구니계 348가지, 그리고 재가불자를 위한 보살계 5가지가 있다. 여기에서는 재가불자를 위한 보살 5계에 대해서 다뤄보고자 한다.

- 보살 5계

1. 불살생, 살아있는 생명을 죽이지 말라.
2. 불투도, 남의 물건을 훔치지 말라.
3. 불사음, 불순한 사랑을 나누지 말라.
4. 불망어, 거짓말을 하지 말라.
5. 불음주, 술을 마시지 말라.

재가불자가 발심하면 수계를 통해 받는 보살 5계는 이처럼 금계(禁戒)로 이뤄져 있다. 엄밀하게 말하면 계가 아니라 율인 것이다. 출가수행자들을 위한 계율은 이처럼 '~하지 말라'는 것으로 해석해도 무방하다. 교단을 유지하기 위한 '율'로서는 금기를 통해 규제하는 것이 효율적이기 때문이다.

하지만 재가불자를 위한 보살 5계를 교조적으로 적용하면 너무 어려운 금기가 되어 현실적으로 지키기가 불가능한 것으로 보이는 것도 있다. 금기보다는 차라리 선행으로 계율을 정해 닦아가도록 해석하는 것이 좋을 수 있다.

캄캄한 방안을 환하게 만들려면 방안 가득히 쌓인 어둠을 몰아내려고 하기보다 성냥불 하나로 불을 밝혀 촛불이나 등잔불에 옮겨 붙여서 빛을 더 밝히는 것이 훨씬 더 쉽고 현실적이다. 살생하지 않으려고 하는 것보다 방생으로 선행을 하는 것이 훨씬 더 쉽고 현실적일 수 있다.

『화엄경』의 '십지품'에서는 두 번째 단계를 이구지(離垢地)라 한다. 번뇌의 때를 씻는 단계인데, 이때 강조되는 것이 지계바라밀이다. 그러면서 십악업을 닦는 방법으로 십선업을 제시하고 있다. 요약하면 다음과 같다.

- **십선업 수행법**

살생하지 말라 ⇔ 방생하라
투도하지 말라 ⇔ 보시하라
사음하지 말라 ⇔ 청정한 행을 하라
거짓말하지 말라 ⇔ 정직한 말을 하라
꾸미는 말을 하지 말라 ⇔ 진실한 말을 하라
양설하지 말라 ⇔ 화합하는 말을 하라
악구하지 말라 ⇔ 온화한 말을 하라
욕심내지 말라 ⇔ 가진 것에 만족하라
화내지 말라 ⇔ 자비를 베풀어라
어리석게 하지 말라 ⇔ 지혜롭게 하라

'~하지 말라'는 것은 '~하지 않는 것을 하라'는 이중 명령어다. '~하라'는 말보다 두 배 이상의 노력을 요구하는 말이다. 이에 반해 '~하라'는 말은 그냥 하는 일만 된다. '~하지 말라'보다 '~하라'는 말이 훨씬 효과적이다.

요즘 심리학자들은 '초두효과'라는 이론으로 '~하지 말라'는 금기보다 '~하라'는 긍정어를 사용하는 것이 더 실행가능성이 있다고 강조한다. 처음 접한 정보가 우리에게 더 큰 영향을 끼친다는 이론이다.

예를 들어 '살생하지 말라'는 금기는 처음 접하는 말이 '살생'이라는 말이다. '말라'는 말보다 먼저 '살생'이라는 말이 각인되어서 역효과를 볼 수 있다. 이때는 살생의 반대말을 사용해서 '방생하라'로 바꿔서 쓰는 것이 효과적이다. '방생'이라는 말이 바로 각인되면서 실천효과를 더 높일 수 있다. '초두효과'는 '~하지 말라'는 금기보다 '~하자'는 긍정어로 바꿔서 써야 한다고 강조한다.

재가불자를 위한 보살 5계는 다음과 같이 '~하지 말라'는 금기보다 '~하라'는 긍정어로 바꿔서 사용하는 것이 훨씬 효과적일 수 있다.

- **긍정의 보살 5계**

1. 방생하라.
2. 보시하라.
3. 청정한 행을 하라.
4. 진실한 말을 하라.
5. 깨어 있으라.

사람은 누구나 잘 살려고 한다. 문제는 자기식대로 잘 살려고 하는데 있다. 부처님께서는 중생의 이런 속성을 잘 알기에 제자들의 습성과 능력에 맞춰 깨달음에 이르는 방법을 일러주었다. 요즘 말로 하면 대상에 맞춰 눈높이 교육을 잘 하신 것이다.

부처님은 처음부터 법문을 설하지 않으셨다. 먼저 솔선수범으로 수행생활을 하는 것으로 제자들이 따라 배우도록 했다. 그러다가 더 배우고 싶어하는 제자들이 질문할 때 비로소 법문을 설하셨다. 이것은 거의 모든 경전에 그대로 드러난다. 『법화경』에서는 그 이유를 다음과 같이 말한다.

"그만두어라, 그만두어라. 다시 말하지 말아라. 만일 이 일을 말하면, 모든 세간의 여러 천과 인간은 모두 놀라고 의심하리라."

사리불이 처음 법을 청할 때 부처님은 이렇게 거절하신다. 부처님의 의중을 알아차리지 못한 무리들이 자리를 떠난다. 자신은 부처님께 배울 게 없다고 생각한 것이다. 하지만 부처님께서 부사의한 힘을 보여주신 것을 보고 사리불은 간절히 거듭 법을 청한다. 이번에도 부처님은 똑같은 말로 거절을 한다. 그러자 또 한 무리의 대중이 법문을 들을 게 없다는 생각으로 자리를 떠난다. 그렇게 세 번에 걸쳐 떠날 사람들이 다 떠난 다음에 부처님은 비로소 사리불의 청원을 받아들여 법문을 펼치기 전에 이렇게 말씀하셨다.

"여기 남은 나의 대중은 이제 가지나 잎사귀는 없고 순수한 열매들만이다. 사리불아, 오만한 사람들은 물러감이 좋으니라. 너는 이제 잘 들어라. 너를 위해 설하리라."

여기에는 중생들에 대한 가없는 자비심도 담겨 있다. 부처님께서는 외도들이 부처님 법을 비방하면 악도에 떨어진다고 수없이 강조하셨다. 따라서 부처님 법을 들을 자세가 되어 있지 않은 이들에게 법을 설하는 것은 자칫 이들에게 부처님을 비방하게 만들어 악도로 떨어뜨리는 잘못을 범하는 일이 될 수 있다. 어차피 법을 설해봤자 알아듣지도 못할 뿐더러 잘못하면 비방하게 만들어 악도로 떨어트리는 일을 부처님이 어떻게 하시겠는가?

이런 이유로 부처님은 애써 법을 청하지 않는 제자에게 먼저 법을 설하지 않으셨다. 부처님이 제자가 묻지 않아도 먼저 가르침을 줄 때는 그것이 오로지 제자를 깨우쳐주는 최선의 방법이라는 것을 확신할 때였다. 제자의 믿음과 습성과 능력을 알아차린 단계에서 제자의 눈높이에 맞춰 잘못을 일깨워주신 것이다.

선지식이나 훌륭한 스승들은 부처님처럼 제자들을 대한다. 제자가 스스로 답을 찾기 위해 묻지 않으면 먼저 답을 주는 경우는 거의 없다. 그래서 배우겠다는 생각으로 애써 선지식을 찾아 묻지 않으면 제대로 된 법을 배울 기회를 갖기 어렵다.

마음공부는 부처님처럼 자신에게 눈높이 교육을 펼쳐주실 훌륭한 스승을 찾아 믿고 모시며 따르는 것이 최선이다. 요즘은 마음공부를 하는 중에 스승이 제자의 근기와 능력에 맞춰 기도방편을 주는 곳도 많다. 이때 스승에게 받은 기도방편은 자신에게 절대적으로 지켜야 할 계율이 되어야 한다. 예를 들어 매일 108기도를 방편으로 받았다면 그것을 절대적으로 지켜야 할 계율로 삼아 지계바라밀을 행해

나가야 한다. 기도방편은 어떻게든 지켜야 새로운 경지를 얻을 수 있다.

아직 절대적으로 믿고 따를 스승을 만나지 못했다면 스스로 자신만이 지킬 수 있는 계율을 정할 필요가 있다. 그러려면 먼저 자신을 잘 알아야 한다.

'이건 절대로 못해!'

특히 이렇게 생각하는 것이 있다면 그것을 해보는 것으로 계율을 정할 필요가 있다. '이건 절대로 못해!'라는 바로 그것이 괴로움을 불러오는 것일 확률이 높다. 지금까지 잘 해온 것은 앞으로도 잘할 것이 분명하니 굳이 계율로 정할 필요도 없다. 지금까지 못했던 일은 웬만한 의지와 노력이 없으면 할 마음조차 내기가 힘들 것이 분명하니 지금이라도 의지를 세워 자신만의 계율로 정해서 극복해 나가는 것이 좋다.

그렇게 자신만의 계율로 정해 어떻게든지 그것을 지키기 위한 노력을 기울이다 보면 자신도 모르게 어느 순간 '아, 이거구나!'라고 느끼는 것을 만나게 된다. 그것이 바로 새로운 것을 얻었을 때 느끼는 희열인 것이다. 이런 희열을 느끼게 되면 그 희열이 확실한 동기부여가 되어 마음공부에 더욱 정진하는 힘을 실어준다.

이제부터 보살 5계를 바탕으로 지금 자신에게 가장 필요한 계율이 무엇인지 눈높이에 맞춰 점검해 보자.

• 방생과 108배의 계율이 필요한 유형

유독 몸이 찌르듯이 아프거나, 끊고 맺는 확실한 성격으로, 또는 화를 잘 내서 손해를 많이 보거나, 급한 성질로 그르치는 일이 많거나, 사냥과 낚시를 좋아하는 사람은 살생업을 닦아야 하니 방생과 108배를 지계바라밀로 삼는 것이 좋다.

방생은 원래 이미 포획되어 죽음을 눈앞에 둔 물고기나 새, 또는 짐승 따위를 살려보내는 의식으로 살생업을 닦기 위해 불교행사로 오랫동안 이어져 왔다. 대표적으로 물고기를 살려주는 의식이었는데 지금은 집단적인 행사가 생태계를 파괴한다는 부정적인 여론이 일면서 사라졌다. 하지만 개인적으로는 얼마든지 할 수 있는 일이다. 죽음의 공포에 놓여 있는 생명을 살려주는 일을 함으로써 자비심을 키워나갈 수 있다.

방생은 넓은 의미로 두려움에 떠는 마음을 풀어준다는 뜻도 담고 있다. 끊고 맺는 것이 확실하거나, 화가 많거나, 성질이 급한 사람은 경직된 마음을 가진 경우가 많다.

이런 마음을 방생해야 한다. 중요한 일만 앞두면 경직되는 마음을 풀어주는 것도, 시험을 망치고 혼날까 봐 두려움에 떠는 아이의 마음을 풀어주는 것도, 화를 내는 자신 앞에서 두려움에 떠는 상대의 마음을 풀어주는 것도 다 방생이다.

화가 많거나 성질이 급한 사람이 방생을 지계바라밀로 삼아 수시로 챙겨가면 경직된 사고에서 벗어나 세상을 좀더 너그럽게 바라보는 자비심을 키워나갈 수 있다.

살생업을 닦는 기도로는 108배가 최고다. 자신이 이 유형에 속한다 싶으면 매일 아침이든 저녁이든 시간이 되는 때를 정해 108배를 하는 것으로 자신만의 계율을 정하는 것이 좋다. 초보일 때는 20분 정도, 능숙해지면 15분 정도의 시간을 내서 매일 108배 기도를 하다 보면 자신도 모르게 표정이 바뀌고, 급한 성격이 바뀌어서 삶의 여유를 갖게 되는 자신을 발견할 수 있다.

• 보시와 봉사의 계율이 필요한 유형

돈은 많은데 유독 돈 문제로 괴로움에 휩싸이거나, 주변 사람들로부터 인색하다는 말을 자주 듣거나, 가난으로 괴로움이 끊기지 않거나, 의심과 불신으로 관계의 어려움을 겪는 이들은 투도업을 닦아야 하니 보시와 봉사를 지계바라밀로 삼는 것이 좋다.

돈은 돌고 돌아야 돈이라는 말이 있다. 돈을 쌓아두고 인색하면 당연히 문제가 생길 수밖에 없다. 지금 당장 막힌 혈맥을 풀기 위해서라도 돈을 쓰는 노력부터 기울여야 한다. 종교나 자선단체에 보시하는 것도 좋고, 일단 자신을 위해 여유롭게 돈을 써보는 것도 좋고, 주변 사람들에게 인색하다는 소리를 듣지 않게 써 보는 것이 좋다.

돈을 벌고 싶거나 가난으로 괴로움이 끊이지 않는다면 무재칠시를 지계바라밀행으로 삼는 것이 좋다. 얼굴은 항상 웃고, 말은 항상 상대를 기쁘게 해주고, 마음은 너그럽게 갖고, 눈은 부드럽게, 몸은 궂은 일을 가리지 않고 적극적으로 움직이며, 자리는 항상 상대를 높은 곳으로 양보하는 노력을 기울여야 한다.

투도업을 닦는 기도로는 시주와 봉사가 최고다. 돈이 있으면 돈으로 시주하고, 돈이 없으면 몸으로 봉사하면 된다. 한 달에 한 번이라도 좋다. 자리이타(自利利他)의 마음으로 시주와 봉사를 하다 보면 돈으로 생기는 괴로움에서 벗어날 수 있다.

• 청정한 행과 예불의 계율이 필요한 유형

유독 이성문제로 괴로움을 많이 겪거나, 일이 될 듯하면서도 꼬여 망하는 경우가 많거나, 낄 자리에 끼지 못하고 빠질 자리에 빠지지 못해 괴로운 일이 많이 생기거나, 복잡한 문제에 휩쓸리는 괴로움이 많다면 사음업을 닦아야 하니 청정한 행과 예불을 지계바라밀로 삼는 것이 좋다.

항상 주변을 청정하게 하며, 음란물이나 음담패설을 멀리하는 노력을 기울여야 한다. 사음업은 음주와도 관련이 깊으니 술자리도 가급적 멀리 하는 것이 좋다.

지금까지 들여온 습관이나 노력으로는 아무리 해도 낄 자리와 빠질 자리를 구분하지 못할 확률이 높으니, 진실한 조언을 구하기 위해 스승이나 도반과 함께 하는 자리를 자주 찾는 노력을 기울여야 한다.

사음업을 닦는 기도로는 예불이 최고다. 재가불자라면 사회생활을 하느라 저녁 시간을 내기가 힘들 수 있다. 새벽예불에 참석하는 것을 계율로 정하는 것이 좋다. 요즘은 새벽기도를 생활화하는 이들이 많다. 대개 절에서는 4시나 5시경에 새벽예불을 하는 곳이 많으니 마음만 먹으면 언제든지 계율을 지켜나갈 수 있다. 인근에 절이 없어 힘들다면 집에서 일찍 일어나 경건한 마음으로 10분에서 20분 정도 예불하는 마음으로 명상을 하는 것도 좋다.

성욕은 출가수행자들도 끊기 어려운 업이라 시체가 썩어가는 모습을 관하는 부정관의 수행을 통해 닦을 정도라 한다. 그만큼 어려운 것이지만 재가불자는 배우자나 사랑하는 사람이 있으니 청정한 사랑을 위해 예불을 계율로 닦아나가면 사음업 때문에 겪는 괴로움에서 벗어날 수 있다. 또한 아침 시간을 유용하게 활용할 수도 있고, 자연스레 저녁 술자리도 조절이 된다. 깨어있는 삶으로 낄 자리에 끼고 빠질 자리에 빠지는 지혜를 갖추게 된다.

- **진실한 말과 염불의 계율이 필요한 유형**

자신이 말은 잘한다고 생각하는데 들어주는 이가 없어서

괴롭다거나, 상대를 위해서 해준 말인데 그 말의 과보로 괴로움을 받는다거나, 상대가 상처를 받을까 봐 차마 하고 싶은 말도 다 하지 않았는데 오히려 그것이 더 큰 괴로움을 부르는 일이 많이 생기는 사람이라면 망어업이 많아서 그런 것이니 진실한 말과 염불을 계율로 삼는 것이 좋다.

'진실한 말'은 상황에 맞는 말이다. 상황에 맞는 말은 '듣는 이와의 관계, 말하는 시간과 공간, 말의 목적' 등을 고려해서 하는 말이다. 듣는 이와의 관계가 친밀하면 무슨 말을 해도 '진실한 말'이 될 수 있고, 듣는 이와의 관계가 막연하다면 좋은 말도 망어업의 과보를 부르는 경우가 있다. 같은 말이라도 '어떤 시간, 어느 장소, 어떤 목적'을 가지고 말했느냐에 따라서 뜻이 다르게 전달될 수 있으니 '진실한 말'을 하기 위해서 매 순간 상황을 중요하게 생각하고 말하는 습관을 들여야 한다. 상대와 진실환 관계를 유지하려는 마음을 갖고 말하는 노력을 기울여야 한다.

망어업을 닦는 기도로는 염불이 최고다. 염불은 부처님을 가슴에 새기며 끊임없이 이름을 부르는 것이다. '아미타불'과 '관세음보살' 중에 자신에게 친근하게 다가오는 분을 부르면 된다.

혼자 있을 때 수시로 '아미타불'이나 '관세음보살'을 소리 내어 염해보자. 이것이 습관이 되면 속으로 자연스레 염불하는 자신을 보게 될 것이다. 어떤 상황이든 속으로 염불부터 하고 나면 상황에 맞는 말을 적절히 하는 자신을 발견하게 될 것이다.

• 깨어있음과 독경이 필요한 유형

평소에 건망증이 심해 괴로움을 겪거나, 마음공부를 열심히 하는데 귀신이 곡할 노릇과 같은 일을 많이 겪거나, 술에 취해 문제를 일으키는 사람은 '유흥업'을 닦아야 하니 깨어 있음과 독경을 계율로 삼는 것이 좋다.

극과 극은 통하는 것처럼 젊었을 때 노는 것을 나쁘다고 생각하고 일에만 매달린 사람은 자신이 취한 상태에서 유흥업을 즐긴 것은 아닌지 점검해야 한다. 노는 것을 나쁘다고 생각한 그 자체가 미몽에 취한 생각이라 잘못된 길로 빠질 확률이 높다. 실제로 젊어서 일만 했던 사람들이 늙어서 치매에 걸리는 확률이 높이 나타난다. 오로지 자식과 미래만 바라보고 살았는데 막상 늙어보니 허망함만 남으니까 미몽에 빠져서라도 유흥을 즐기기 위해 치매로 빠지게 되는 것이다.

술은 사람을 미몽에 빠지게 하는 대표적인 독이다. 평소에는 억누르고 있던 것을 술에 취하면 일단 저질러놓고 보게 한다. 술에 취하면 십악업이 동시에 발동한다. 유흥업이 많은 사람일수록 '먹고 살기 위해서', '사회생활을 하려니 어쩔 수 없이', '스트레스를 풀기 위해서' 등등 술을 마시는 이유가 분명하다.

이런 사람이 '술을 끊겠다'는 금기로 계율을 정하면 '술'이라는 말에 초두효과가 발휘되어 더욱 끊기 어려워진다. 이때는 '깨어 있겠다'는 긍정어로 계율을 정하는 것이 좋다. 그러면 회식 자리에 가서도 술을 마시지 않고도 즐길 수 있다는 것을 알게 된다. 술잔을 권하는 사람도 줄어들면서 술로 인해 괴로워할 일이 줄어든다.

유흥업을 닦는 기도로는 독경이 최고다. 『금강경』도 좋고, 『법화경』도 좋다. 선수행을 위해서는 『능엄경』도 좋다. 방대한 분량에 기죽어 엄두를 내기 힘든 『화엄경』도 도전할 필요가 있다. 독경할 때는 경전의 묘사된 장면을 생생하게 그리며 해야 한다. 그러다 보면 깨어있는 시간이 많아지면서 자연스레 술을 멀리하는 자신을 보게 될 것이다. 정신이 맑게 깨어있다 보니 미혹에서도 깨어있는 날들이 많아지면서 행복을 구가할 수 있다.

인욕바라밀,
고난이 가장 빛나는 결정체

젊은이가 군대에 간다면 어른들은 "잘 참고 나오라"는 말로 격려를 한다. 군대는 금기의 규칙이 많기에 참는 생활이 일상이 되어야 하기 때문이다. 군대는 개인의 오욕락(먹는 것, 물질, 명예, 자는 것, 성욕)이 통제되는 사회다. 그러다 보니 건빵을 먹기 위해 화장실로 숨어든다거나, 담배나 보급품에 지나치게 집착한다거나, 계급을 내세워 만행을 일삼는 등 제대 후에 사회인의 눈으로 봤을 때는 차마 하지 못할 일들을 하는 경우가 많다. 그러다 보니 금기에 적응하지 못하는 낙오자가 생기기도 한다.

인욕바라밀행은 군대생활과 비슷한 점이 많다. 공부가 진행될수록 지금까지 해왔던 습관이나 버릇을 고치려는 금기의 계율을 많이 만나게 된다. 군대처럼 오욕락에 통제를 받다 보니 자신이 생각하기에 별거 아닌 것에 집착하는 경험을 하게 된다. 그러다 보니 공부가 진행될수록 자꾸만 퇴보하는 것처럼 느껴질 때가 많다. 그나마 군대는 참고 버티면 반드시 제대한다는 희망이라도 있지만, 마음공부는 아무리 참고 버텨도 언제 끝난다는 기한의 제한이 없으니 더욱 힘이 든다.

인욕바라밀은 보시바라밀행과 지계바라밀행을 할 때 반드시 거쳐야 하는 과정이다. 『화엄경』 '십지품'에서는 이 고난의 단계를 불법을 수행하는 효과가 밝게 드러나는 발광지(發光地)라고 한다. 이 단계에서는 가장 긍정적인 마음가짐이 필요하다. 결과에 집착하지 않고 연(緣)을 관조해서 매사를 긍정적으로 받아들이며 순리대로 사는 노력을 기울여야 한다.

인욕바라밀은 사전적 의미로 온갖 모욕과 번뇌를 참고 원한을 일으키지 않는 수행이라고 한다. 요즘은 인욕을 '참는다'는 것으로만 해석해서 '참으면 화병'이 된다며 참는 것이 무조건 좋은 것만이 아니라고 반론하는 이들도 많아졌다. 어느 정도 설득력이 있는 말이다.

하지만 자신한테 일어난 나쁜 감정을 표현하기 위해 몰두하면 감정은 더욱 악화가 되기에 그래도 일단 참는 것이 더 좋다는 실험결과도 있다. 적개심을 느끼는 순간보다 적개심을 표현하는 순간에 심장병 발병률이 증가한다고 한다. 그런 점에서 힘든 일이 생길 때는 일단 표현하는 것보다 참는 것이 좋다는 말이 더 설득력 있게 다가온다.

마음공부에 들어서면 처음에는 지금까지 살아온 것과 다른 세계를 경험하면서 누가 묻지 않아도 마음공부를 통해 얻는 기쁨을 주변 사람에게 나누려고 한다. 누가 시키지 않아도 환희지에 들어 보시 중에 최고 보시인 법보시를 실천하기 시작한다. 신심이 가장 좋을 때라 효과도 좋다.

그러다 시간이 지나면서 마음의 때를 만나기 시작한다. 그동안 자신도 모르고 지어왔던 죄를 인식하면서 그것을 극복하며 노력하게 된다. 이구지에 들어서기 시작한 것이다. 공부의 효과가 드러나기 시작하는 것이다. 남들이 보기에는 좋아진 것들이 보인다. 화를 많이 내던 사람이 부드러워지고, 왠지 옆에 있으면 불편했던 사람이 편하게 느껴진다.

하지만 당사자는 그동안 자신도 모르게 쌓아온 습성을 보는 것이 괴롭기만 하다. 남의 잘못에는 엄격하고 자신의 잘못에 대해서는 관대했던 관점에서 벗어나 마음공부를 통해 자신의 잘못에는 엄격하고 남의 잘못에는 관대한 관점으로 바뀌어 가는 과정에서 당연히 겪을 수밖에 없는 고통이다. 마음공부를 하다 보면 당연한 거쳐야 할 과정이지만 이런 경험에 익숙하지 못한 이들의 괴로움은 더욱 커진다. 오랜 습으로 들여와 모르고 짓는 죄에서 벗어나기가 어려운 이유다.

이것을 극복하는 과정이 인욕바라밀이다. 공부 중에 올라오는 괴로움을 참고 이겨내면 발광지에 들어서지만 여기서 좌절하고 포기하면 이전 상태로 돌아가는 것은 시간문제다. 게다가 여기서 포기한 사람 중에는 마음공부에 대한 부정적인 경험이 독으로 작용해서 초발심 이전보다 못한 상황으로 떨어질 수 있다.

따라서 아무리 힘들어도 참아내기만 하면 국방부 시계는 돌아가서 제대할 날이 오듯이 마음공부의 시계도 어떻게든 돌아가니까 참아내기만 하면 발광지에 들어설 수 있다는 믿음으로 인욕바라밀을 닦아야 한다.

인욕바라밀은 절대긍정이 필수다. 한쪽 팔이 잘리면 '아직 한 팔이 남아 있으니 좋다', 두 팔이 다 잘리면 '아직 걸을 수 있는 두 발이 있으니 좋다', 두 발을 다 잘리면 '아직 살아 있으니 좋다', 마침내 목숨을 잃게 되면 '이생의 몸을 벗으니 좋다'는 식으로 절대긍정의 마음을 가져야 한다.

마음공부는 진척이 이뤄질수록 꿈자리가 뒤숭숭해지는 경우가 많다. 똥통에 빠져서 허우적거리거나, 평소에 미워하는 사람을 죽이거나, 죽임을 당하거나, 불에 타 죽거나, 물에 빠져 죽거나 하는 꿈을 꾸는 경우가 많다. 성품공부가 이뤄지면서 실체가 없는 성품이 꿈속에서 허상으로 나타나 펼치는 공부의 발전 과정이다. 똥통에 빠져서 허우적거릴 때 벗어나는 방법은 얼른 눈을 떠 꿈에서 깨어나면 된다. 마찬가지로 공부하면서 자신의 부정적인 모습이 보였다면 깨어있는 쪽을 선택해서 얼른 내려놓으면 된다.

이생에서의 죽음은 다음 생에서의 탄생이다. 이생에서의 마지막은 결코 슬퍼할 일이 아니다. 죽는 꿈은 지금까지 업에 이끌려 살아온 삶과 단절을 의미한다. 불에 타 죽는 꿈은 자신도 모르게 자신을 태우던 화에서 벗어나는 예지몽이다. 물에 빠져 죽은 꿈은 그동안 사음의 늪에서 질퍽이던 성품의 죽음을 의미한다. 즉 새로운 성품으로 다시 태어나는 것을 보여주는 꿈일 수 있다.

따라서 아무리 악몽을 꾸더라도 이처럼 절대긍정으로 생각해서 받아들일 수 있어야 한다. 그러면 생시에서도 일어나는 모든 것을 절대긍정으로 받아들이는 힘이 생긴다. 즉 마음공부가 절대긍정의 힘을 키워주는 것이다.

인욕바라밀을 무조건 참는 것으로만 생각해서 참다 보면 화병에 걸릴 수도 있지만 이처럼 모든 것을 긍정적으로 받아들이는 과정으로 보면 공부의 진척이 이루지는 것을 경험하면서 수행의 효과가 밝게 드러나는 발광지(發光地)에 들어서게 되는 것이다.

등산을 하다 보면 정상에 가까울수록 숨이 차는 경험을 하게 된다. 그만큼 올라가지 않았으면 힘들 일도 없었을 것이다. 여기서 조금만 더 참으면 정상정복의 기쁨을 맛보게 되는 것이고, 여기서 주저앉으면 힘든 경험만 남아서 등산을 꺼리는 트라우마로 만들 수 있다.

마음공부도 마찬가지다. 공부를 통해 지금과 다른 새로운 경지에 들어설수록 힘든 경험을 많이 하게 된다. 지금처럼 살고 싶으면 그대로 살면 된다. 하지만 지금보다 나은 삶을 살고자 하면 반드시 거쳐야 하는 과정이다. 따라서 이 과정에서 올라오는 부정적인 감정이나 힘든 일이 있으면 '앗싸! 여기서 조금만 더 힘을 내면 정상에 오를 수 있다'는 생각으로 지금까지 하던 일을 계속 해 나가면 된다.

힘든 일이 생길 때마다 '앗싸!' 하다 보면 점차 익숙해지면서 쉽게 극복해 나가는 경험을 하게 될 것이다. 인욕바라밀의 과정은 힘들지만 그 결과는 정말 달콤하다.

정진바라밀,
오로지 하고 또 할 뿐

이 비구는 무릇 만나는 이가, 비구거나 비구니거나 우바새거나 우바이거나 간에 보는 대로 예배하고 찬탄하면서 이렇게 말하였느니라.

"나는 그대들을 매우 공경하고 감히 경멸하지 않느니라. 왜냐하면 그대들은 다 보살의 도를 행하여 마땅히 성불할 것이기 때문이니라."

그리고 이 비구는 경전을 전심하여 읽거나 외지는 아니하고 다만 예배만을 행하는데, 멀리서 사부대중을 보더라도 일부러 따라가서 예배하고 찬탄하면서 말하였느니라.

"나는 그대들을 경멸하지 않노라, 그대들은 다 마땅히 성불할 것이기 때문이니라."

사부대중 가운데 성을 잘 내는, 마음이 부정한 이가 있다가 욕설하면서 말하였다.

"이 무지한 비구야, 어디서 와서, 스스로 자기는 우리를 경멸하지 않노라 하면서, 우리에게 마땅히 성불하리라고 수기를 주느냐. 우리는 그런 허망한 수기를 받지 아니하리라."

이렇게 여러 해 동안 항상 욕설을 당하여도 성도 내지 아니하고 항상 말하였느니라.

"그대들은 마땅히 성불하리라."

이렇게 말할 적에 여러 사람이 작대기로 치거나 돌을 던지면 피하여 달아나 멀리 떨어진 뒤, 음성을 높여서 외치었느니라.

"나는 그대들을 경멸하지 않노라. 그대들은 다 마땅히 성불하리라."

그는 항상 이렇게 말하므로, 뛰어난 체하는 비구, 비구니와 우바새, 우바이들이 별명을 지어 상불경이라 하였느니라.

이 비구는 임종을 당하여, 허공중에서 위음왕불이 앞서 설하신 법화경 20천만억 게송을 듣고 다 받아 지니어, 위와 같이 눈의 청정과 귀와 코와 혀와 몸과 뜻의 청정을 얻었느니라.

『법화경』의 '상불경보살품'은 정진바라밀의 진수를 그대로 보여주고 있다. 상불경보살은 먼저 만나는 사람 모두에게 '성불하리라'는 보시 중에 최고 보시인 법보시로 보시바라밀을 행하였다. 어떠한 경우에도 '예배하고 찬탄하며 성불하리라고 하겠다'는 스스로 정한 계율로 지계바라밀을 행하였다. 사람들이 욕하거나 작대기로 치거나 돌을 던져도 화내지 않고 다 받아들이며 인욕바라밀을 행하였다. 어떤 경우에도 보시, 지계, 인욕을 놓치지 않고 '성불하리라'는 말을 고수하는 것으로 정진바라밀(精進波羅蜜)을 행하였고 마침내 큰 깨달음을 얻었다.

정진바라밀행은 모든 잡념을 버리고 보시와 지계, 인욕바라밀을 행하면서 진리를 닦는 일에 매진하는 것을 뜻한다. 『화엄경』의 '십지품'에서는 이 단계를 모든 번뇌를 불길로 태워버린다고 해서 염혜지(焰慧地)라 한다. 이 단계에 들어가면 생사와 열반이 다른 점을 알게 되고, 일체의 마와 번뇌가 더 이상 흔들 수 없는 경지에 이른다고 한다. 즉 이 경지에 오르면 비로소 공부의 희열을 느끼며, 그 어떤 상황도 절대긍정으로 받아들여 흔들리지 않는 참공부인의 자세를 갖추게 된다고 한다.

이쯤에서 다시 한번 점검해 보자. 먼저 보시바라밀행인 시주와 봉사활동을 잘 하고 있는가? 무재칠시는 잘 행하고 있는가? 잘 웃고(화안시) 있는가? 고운 말(언시)로 상대를 기쁘게 하고 있는가? 마음(심시)을 곱게 쓰고 있는가? 눈(안시)으로 상대를 편하게 대하는가? 몸(신시)으로 상대에게 도움을 주고 있는가? 상대를 높여주고(좌시) 있는가? 상대의 마음을 잘 챙겨(찰시)주고 있는가?

지계바라밀행은 잘 하고 있는가? 보살 5계 중에 자신에게 필요한 계율을 잘 지키고 있는가? 108배는 잘하고 있는가? 시주와 봉사는 잘 하고 있는가? 새벽예불은 잘 참석하고 있는가? 염불은 잘 하고 있는가? 독경은 잘 하고 있는가?

지금까지 잘 행하고 있다면 상불경보살처럼 끝까지 밀어붙여 볼 일이다. 그것이 곧 정진바라밀행을 이루는 길이다. 그동안 무슨 이유에서건 멈추었다면 다시 한번 시도할 일이다. 핑계없는 무덤은 없다고 누구에게나 다 중도에 멈춘 이유가 있다. 인욕바라밀을 하지 못해 포기한 것이라면 다시 한번 상불경보살처럼 끝까지 밀어붙여야겠다는 발원을 세워야 한다.

포기가 빠른 사람은 한 가지 일에 집중하는 힘이 약해서 그런 것이다. 이럴 때는 일단 자신이 매일 해도 쉽게 할 수 있는 일을 하나만이라도 찾아 자신만의 계율을 정해야 한다. 예를 들면 아침에 일어나면 제일 먼저 거울을 보고 환하게 웃으며 "나는 할 수 있다. 나는 할 수 있다. 나는 할 수 있다"를 세 번 이상 외치는 것을 계율을 정하는 것도 좋다. 그리고 그것을 끝까지 밀어붙이는 끈기를 발휘하면 곧 정진바라밀행을 하는 것이다.

중국의 마조선사가 젊었을 때의 일이다. 열심히 참선하고 있는데 스승이 다가와서 물었다.

"지금 무엇을 하고 있는가?"

"부처가 되려고 참선하고 있습니다."

스승은 그 말을 듣고는 말없이 나가서 돌에 벽돌을 갈기 시작했다. 시끄러운 소리에 참선하던 마조가 스승에게 다가가서 물었다.

"스님, 지금 무엇을 하고 계신 건가요?"

"벽돌을 갈아서 거울을 만들려고 하지."

마조는 말도 안 된다는 식으로 말했다.

"스님, 벽돌을 간다고 어느 세월에 거울이 되겠습니까?"

그러자 스승이 말했다.

"그럼, 참선만 한다고 어느 세월에 부처가 되겠느냐?"

그 순간 스승의 의도를 알아차린 마조가 여쭈었다.

"그럼 어떻게 해야 부처를 이룰 수 있습니까?"

스승은 제자가 들을 자세가 되어 있는 것을 확인하고 말했다.

"수레가 가지 않을 때 수레를 때려야 옳겠는가, 소를 때려야 옳겠는가?"

그 말을 듣는 순간 마조는 큰 깨달음을 얻었다고 한다.

모양만 흉내를 내서는 올바른 수행과 정진이 될 수 없음을 일깨워주는 이야기다. 기도를 할 때는 모양만 흉내낼 것이 아니라 반드시 그 마음을 챙겨야 한다. 절할 때는 절하는 마음을, 시주와 봉사할 때는 그 마음을 챙겨야 한다. 예불과 염불, 독경할 때도 그 마음을 반드시 챙겨야 한다.

정진바라밀은 무엇이든지 포기하지 않고 꾸준히 하는 행동이 따라야 한다. 실천은 하지 않고 마음만 찾으면 그것은 그야말로 축생이나 귀신공부로 빠지는 것이다. 일단 한 가지라도 실천하면서 거기에 간절한 마음을 붙여 행하는 것이 정진바라밀행이다.

선정바라밀,
말보다 더욱 실천을 챙겨야

　비구들이여, 알라. 여래는 방편으로써 중생들의 성품에 깊이 들어가, 그들이 소승법을 좋아하며 다섯 가지 욕망에 깊이 탐착함을 알므로, 그들을 위하여 열반을 설하는 것을 그 사람이 듣고는 그대로 믿고 받아 지니느니라.

　비유하면 5백 유순이나 되는 험난하고 길이 나쁘며, 인적마저 끊어진 무서운 곳이 있었다. 사람들이 이곳을 지나 보물이 많은 곳으로 가고자 하였다. 이때 한 길라잡이가 있었는데, 총명하고 지혜가 많고 이 험한 길을 통과하고 막힌 형편을 잘 알아, 여러 사람을 데리고 이 험난한 길을 통과하고 있었다. 인도받아 가던 사람들이 중도에서 물러갈 마음이 생겨 길라잡이에게 말하였다.

　"우리는 극도로 피로하고 무서워서 다시 더 나아갈 수 없고,

앞길도 멀어 이제 그만 가고 되돌아설까 하노라."

길라잡이는 방편이 많아서 이렇게 생각하였다.

'이 사람들은 참으로 딱하구나. 어찌하여 큰 보물을 버리고 물러가려 하는가?'

이렇게 생각하고는 방편으로써 험난한 길에서 3백 유순을 지나서 한 도성을 화작하여 놓고 여러 사람에게 말하였다.

"그대들은 무서워하지 말고 되돌아가려 하지 말라. 저기 큰 도성이 있으니, 그 안에서 마음대로 즐길 수 있느니라. 저 도성에 들어가면 편안히 살 수도 있고, 앞으로 가면 보물이 있는 곳에도 갈 수가 있느니라."

이때 피로해 있던 무리는 매우 기뻐하며 처음 보는 일이라고 찬탄하면서 말했느니라.

"우리가 이제는 험한 길을 벗어나서 편안히 쾌락을 얻었노라."

이리하여 여러 사람들은 화작한 도성에 들어가서 '이미 지나왔다'는 생각을 내고 '편안하다'는 생각을 내었다.

이때 길라잡이는 이 사람들이 잘 쉬어서 피로가 회복된 줄을 알고는 화작한 도성을 없애고 여러 사람에게 말하였다.

"그대들이여, 앞으로 나아가자. 보물이 있는 곳이 멀지 않느니라. 아까 있던 도성은 내가 조화로 만든 것이니, 임시로 쉬어 가기 위한 것이었느니라."

비구들이여, 여래도 그와 같으니, 지금 그대들을 위하여 길라잡이가 되어, 죽고 사는 번뇌의 나쁜 세상의 길이 험난하고 먼 것과 떠나야 할 것과 건너야 할 것임을 아나니라.

— 『법화경』의 '화성유품' 중에서

육바라밀행은 출가수행자들에게도 결코 쉬운 일이 아니다. 부처님은 중생들의 이런 속성을 잘 아시기에 제자들에게 가르침을 펼칠 때는 각자의 근기에 맞게 방편을 펼치셨다. 『법화경』의 '화성유품'에서 부처님은 길을 잘 아는 길라잡이가 중도에서 포기하려는 무리들을 위해 조화로 도성을 만들어 성취감을 느끼게 하고, 더 높은 곳으로 가기 위한 힘과 동기부여를 충분히 갖췄을 때 다시 길을 나서도록 인도한다는 비유를 들었다.

예로 들어 평소에 90점대를 유지하는 학생과 30점대를 유지하는 학생에게 처음부터 똑같이 100점을 목표로 정해 주고 여기에 맞는 공부법을 펼친다면 어떤 일이 벌어지겠는가? 학생에 대해 잘 아는 훌륭한 선생님이나 부모님은 90점대인 학생들을 가르칠 때는 처음부터 100점을 목표로 정해서 거기에 맞게 가르치고, 30점대인 학생들을 가르칠 때는 처음에 50점을 목표로 정해 먼저 작은 성취감을 맛보게 하면서 100점을 향해 단계적으로 목표를 높여나가게 한다.

재가불자로서 처음부터 생사를 초월한 깨달음을 목표로 공부를 시작했다면 진지하게 고민해 봐야 한다. 생사를 초월한 깨달음은 평소에 90점대를 유지하는 출가수행자들이 세우는 목표로 보는 것이 좋다. 가정을 이루고, 사회생활을 영위해야 할 세속적 욕망을 완전히 내려놓을 수 없는 재가불자들에겐 사실상 불가능한 목표이기에 얼른 이런 욕심을 내려놓고 자신을 30점대의 학생으로 인정하고 현실적인 목표를 정하는 것이 좋다.

　예를 들어 사업을 하는 사람이라면 먼저 사업성취를 이루는 것을 목표로 해서 보시바라밀행으로 복밭을 일구고, 자신의 업에 따라 108배(살생업)나 시주와 봉사(투도업), 예불(사음업), 예불(망어업), 독경(유흥업)을 정해 지계바라밀을 행하고, 어떤 일이 닥쳐도 절대긍정으로 받아들여 인욕바라밀을 행하며, 사업성취라는 초심을 끝까지 유지하는 것으로 정진바라밀행을 하는 것이다. 그렇게 해서 사업성취를 이루었으면 그 성취감을 유지하며 '화성유품'에서 비유로 보여준 것처럼 심기일전해서 더 높은 목표를 세워가는 것이 좋다.

　그럼에도 불구하고 자신은 처음부터 90점대를 유지하는 출가수행자들과 같은 생사를 초월한 깨달음을 목표로 정했다면 먼저 마음만이라도 출가수행자와 같은 각오로 공부에 임해야 한다. 세속적인 욕심을 이루려고 하기보다 이미 그것을 다 이룬 사람처럼 마음을 크게 가져야 한다. 부처님처럼 깨달음을 이뤘다고 생각하면 깨달음에 반하는 세속의 그 어떤 일로도 괴로워할 이유가 없다.

선정바라밀은 사전적 의미로 '마음이 하나의 경지에 정지하여 흐트러짐이 없음'을 뜻한다. 『화엄경』의 '십지품'에서는 이 단계를 어려운 경지를 이겨 낸 난승지(難勝地)로 표현한다. 보살의 교만을 없애고 끊임없이 불도를 닦아 흔들리지 않는 경지를 이뤘다는 말이다.

우리는 지금까지 좋은 씨앗을 골라 텃밭을 일구고(보시), 씨앗을 정성스레 뿌리고(지계), 가뭄이나 태풍에도 꿋꿋이 버티며(인욕), 열매를 맺기까지 노력을 기울이는(정진) 과정을 거쳐왔다. 이제부터는 오로지 열매가 튼실히 영글어가는(선정바라밀) 과정과 그 달콤한 열매를 거둬들이는(지혜) 과정으로 들어설 일만 남았다.

말을 앞세우고 실천이 따르지 않으면 먼저 본인이 공부가 아닌 길로 들어섰다는 것을 알아 법에서 벗어난 말과 행동을 하게 되고, 그것을 귀신같이 알아차린 남들이 곁을 떠나게 되니 아무리 공부를 해도 괴로움에서 벗어날 길이 없다. 공부가 깊어갈수록 더욱 말을 조심해야 한다.

어느 정도 공부가 이뤄지면 상대가 보지 못하는 상대의

단점을 보는 능력이 발달해서 상대의 정곡을 찌르는 말로 상처를 줄 수가 있다. 오히려 공부하지 않은 것만도 못한 결과를 초래할 수 있다. 따라서 상대가 묻지 않는 말에는 가급적 입을 다물고 먼저 말하지 않는 것이 좋다. 그 에너지를 온전히 자신을 보는 공부로 쏟아부어야 한다.

수시로 고요한 마음을 유지하는 노력을 기울여야 한다. 명상을 통해 마음을 고요히 머물도록 해나가야 한다. 그것이 선정바라밀을 닦는 길이다. 외부 환경에 대해 이러고 저러고 할 이유가 없다. 오로지 내가 이루고자 하는 부처의 경지를 가슴에 새기며 마음에서 일어나는 오욕락을 가만히 지켜보면서 마음의 평안을 유지하면 된다.

반야바라밀,
생활 속의 보살을 스승으로

반야바라밀(般若波羅蜜)은 지혜바라밀이라고도 한다. 보시, 지계, 인욕, 정진, 선정바라밀을 통해 도달하고자 하는 제일바라밀이다. 『화엄경』의 '십지품'에서는 이 단계를 지혜가 드러나는 경지인 현전지(現前地)라 표현한다. 즉 중생구제를 원력으로 마침내 세상의 모든 지혜에 능통해서 모든 번뇌에서 벗어난 경지에 이른 것을 말한다.

『화엄경』의 '십지품'에서는 육바라밀행을 하는데 근기가 부족한 중생들에게 힘을 보태라고 보완해주는 것으로 네 가지 바라밀을 더해 십바라밀을 다룬다.

일곱 번째 방편바라밀(方便婆羅蜜)은 광대한 진리의 세

계에 이르는 지위인 원행지(遠行地)라 한다. 육바라밀의 보시, 지계, 인욕바라밀을 더욱 잘 할 수 있도록 보완해준다.

여덟 번째 원바라밀(願波羅蜜)은 다시 동요하지 않는 지위인 부동지(不動地)라 한다. 정진바라밀을 보완해준다.

아홉 번째 역바라밀(力波羅蜜)은 바른 지혜를 설법하는 지위인 선혜지(善彗地)라고 한다. 선정바라밀을 보완해준다.

열 번째 지바라밀(智波羅蜜)은 큰 비를 내리는 지위인 법운지(法雲地)라고 한다. 반야바라밀을 더욱 잘 할 수 있도록 보완해준다.

"불자들이여, 모든 보살의 원은 잘 결정하여 혼잡하지 않고 볼 수 없으며, 광대하기 법계와 같고 끝없기 허공과 같아서 오는 세상이 끝날 때까지 이르며, 모든 부처님 세계에 두루 하여서 일체중생을 구호하며, 일체 부처님의 호념함이 되어 과거 미래 현재 여러 부처님의 지혜인 지(地)에 들어가느니라. 불자들이여, 어떤 것을 보살마하살의 지혜의 지(地)라 하는가. 불자들이여, 보살마하살의 지혜인 지에 열 가지가 있으니, 과거 미래 현재의 부처님들이 이미 말씀하였고, 장차 말씀할 것이며, 지금 말씀하시나니, 나도 그렇게 말하노라. 무엇이 열인가. 하나는 환희지(歡喜地), 둘은 이구지(離垢地), 셋은 발광지(發光地), 넷은 염혜지(焰慧地), 다섯은 난승지(難勝地), 여섯은 현전지(現前地), 일곱은 원행지(遠行地), 여덟은 부동지(不動地), 아홉은 선혜지(善慧地), 열은 법운지(法雲地)이니라."

 - 『화엄경』의 '십지품'에서

육바라밀이든 십바라밀이든 모두 다 반야바라밀행을 완성시키기 위한 것이다. 그래서 모든 바라밀이 반야바라밀을 향하고 있다. 불자라면 거의 다 외우고 있는 『반야심경』의 원제목이 『마하반야바라밀다심경』인데, 여기에서 보듯이 반야바라밀에는 '크다'라는 뜻의 '마하'를 붙여 사용하고 있다. 그만큼 반야바라밀행이 중요하기에 이 부분에 대해서는 다음 장 『반야심경』 훑어보기에서 더욱 구체적으로 다루고 있다.

육바라밀은 모두 다 반야바라밀행으로 귀결된다. 처음부터 반야바라밀행을 하기가 힘드니까 각자의 근기에 따라 행하기 쉬운 바라밀을 행하면서 점차 반야바라밀로 향한다고 보면 된다. 따라서 육바라밀은 각자의 근기에 따라 행하는 것이 중요하다. 재물이 있는 사람은 재물로, 재물이 없는 사람은 무재칠시로 보시바라밀행을 하면 된다. 살생업이 강한 사람은 방생으로, 투도업이 강한 사람은 보시로, 사음업이 강한 사람은 청정한 사랑으로, 망어업이 강한 사람은 진실한 말로, 유흥업이 강한 사람은 항상 깨어있음으로 지계바라밀행을 하면 된다. 의지와 절제력이 부족한 사람은 지계바라밀로, 인내와 끈기가 부족한 사람은 정진바라밀로, 뭔가 분주해야만 사는 것 같은 사람은 차분히 선정바라밀행을 하면 된다. 그것이 개인에게는 각자의 근기에 맞는 가장 적절할 반야바라밀행을 하는 것이 된다.

"스승님, 공부를 잘 하려면 어떻게 해야 합니까?"

제자가 묻자 스승은 손가락으로 달을 가리켰다. 제자는 손가락이 가리키는 달을 보았다. 그러자 스승이 죽비로 내리치며 호통을 쳤다.

"이것아, 손가락으로 가리켰으면 손가락을 봐야지. 어째서 달을 보냔 말이다."

제자는 스승의 호통에 정신이 확 깼다. 그 모습을 몰래 지켜본 다른 제자가 스승에게 물었다.

"스승님, 공부를 잘 하려면 어떻게 해야 합니까?"

이번에도 스승은 손가락으로 달을 가리켰다. 이미 답을 알고 있다고 생각한 제자는 속으로 씨익 웃으며 손가락을 바라봤다. 그러자 스승이 호통을 치며 죽비를 내리쳤다.

"이것아, 달을 가리켰으면 달을 봐야지 어째서 손가락을 본단 말이냐."

공부하는 이가 늘 경계해야 할 일화다. 같은 공부를 하지만 각자 근기와 성품이 다르기에 공부방법도 다를 수밖에 없다. 목적과 목표만 세우고 그것을 이루기 위한 수단을 등한시 여기는 이는 손가락을 먼저 봐야 하고, 목적과 목표는 분명하게 세우지도 못한 채 모양만 흉내 내며 수단과 방법만 찾는 이는 달을 먼저 봐야 한다.

마음공부는 어떠한 경우에도 자신을 먼저 찾아가야 한다. 자신의 이야기가 빠진 남의 이야기로 반야바라밀행을 한다는 것은 어불성설이다. 모양과 말만 그럴듯하게 흉내낸다고, 공부의 요령만 터득한다고 공부가 되는 것은 아니다. 자신의 이야기로 자신이 자신의 문제를 찾아갈 때 비로소 자신에게 맞는 지혜를 얻을 수 있는 것이다.

노스님과 젊은 스님이 길을 걷다가 개울을 만나게 되었다. 해는 저물어 가는데 그 곳에는 소나기로 불은 개울을 건너지 못해 안달하는 젊은 처자가 있었다. 그는 젊은 스님을 보자마자 반갑다는 듯이 애원하듯이 말했다.

"스님, 저 좀 업어서 건네주세요. 이대로라면 여기서 밤을 새워야 할 판입니다."

젊은 스님은 일언지하에 거절했다.

"보살님, 저는 청정수행자라 여인을 업을 수 없습니다. 죄송합니다."

여인은 힘이 약해 보이는 노스님한테는 차마 부탁을 하지 못하고 절망의 표정을 지었다. 그 모습을 본 노스님이 얼른 등을 내밀며 여인에게 말했다.

"어서 업히시오. 내가 건네주리다."

노스님은 그렇게 여인을 업어서 개울을 건네주고 아무렇지 않다는 듯이 앞서 걸었다. 뒤따르는 제자는 불만이 넘쳐 점점 뒤처지기 시작했다.

'나한테는 여색을 멀리 하라더니 여인을 아무렇지 않게 업다니? 혹시 내가 스승을 잘못 선택한 것은 아닌가?'

자꾸만 이런 의혹이 일기 시작하니까 참지 못하고 폭발할 지경이었다. 그래서 한참 앞서가는 노스님을 불러세우며 따지듯이 물었다.

"스승님, 저에게는 여색을 멀리 하라고 하시고는 어찌 스승님은 여인을 업기까지 할 수가 있단 말입니까?"

그러자 노스님은 제자를 보고 말했다.

"이 못난 녀석아, 나는 아까 개울을 건너자마자 여인을 내려놓고 왔건만, 너는 아직도 여인을 업고 있단 말이냐?"

그 순간 제자는 눈이 확 트이며 큰 깨달음을 얻었다고 한다.

제자가 무엇을 깨달았는지는 독자님들이 알아서 새길 일이다. 문제는 이런 이야기가 널리 알려지면서 노스님처럼 행세하는 사람들이 많은 현실이다. 예를 들면 이런 식이다.

남편이 차를 몰고 아내와 함께 나들이를 갔는데 시골길에서 차를 태워달라는 예쁜 여인을 만났다. 그냥 가도 되는데 굳이 태워주고는 예쁜 여인에게 말을 걸고 신이 났다. 그 모습을 보고 삐친 아내가 아무 말도 하지 않고 집에 와서 남편이 밥상을 차려달라고 하자 화를 내면서 불만을 터트렸다.

"왜 아까 그 여자한테 밥을 차려달라고 하지?"

그러자 남편은 아무렇지도 않은 듯이 말했다.

"나는 아까 그 여인을 내려놓고 왔는데, 당신은 아직도 그 여인을 태우고 있단 말이오?"

아내는 하도 어이가 없어서 "밥은 알아서 챙겨 먹어!"라며 방으로 들어가서 문을 쾅 닫아 버렸다.

반야바라밀행은 지식으로만 행할 수 없다. 실천으로 지혜를 터득해야만 비로소 행할 수 있다. 지식은 남의 이야기로도 얼마든지 채울 수 있다. 하지만 지혜는 결코 남의 이야기로 채워갈 수 없다. 따라서 지혜를 얻으려면 바로 자신의 이야기를 문제로 삼아 공부를 해야 한다. 반야바라밀행은 지혜의 완성으로 이르는 길이다. 생활 속에서 자신의 이야기로 풀어나가야 얻을 수 있는 지혜의 완성단계이다.

반야바라밀행은 이어지는 『반야심경』 훑어보기에서 더욱 구체적으로 다루고 있다.

행복을 위해 멀리 해야 할
뒤바뀐 헛된 생각

불자들이 법문을 듣고 법회를 마칠 때마다 빼놓지 않고 독송하는 경전인 『반야심경』에는 '원리 전도몽상 구경 열반'이란 구절이 있다. '뒤바뀐 헛된 생각을 멀리 떠나 깨달음을 얻었다'는 뜻인데, 깨달음을 얻기 전에는 중생들이 '뒤바뀐 헛된 생각'으로 살아간다는 뜻을 담고 있다.

'전도몽상'은 우리가 살아가면서 흔히 빠져드는 함정이다. 예를 들어 '돈을 벌겠다'고 했을 때 돈 자체가 삶의 목적이 될 수 없다는 것은 누구나 다 안다. '돈을 벌어서 행복하게 살겠다'는 마음을 낼 때까지만 해도 '돈은 행복을 위한 수단'이라는 것도 잘 알고 있다. 그런데 막상 돈을 벌기 시작하면 '전도몽상'에서 헤어나올 줄 모른다. 행복이라는 목적이 주인이 되어야 하는데, 어느 순간부터 돈이라는 수단을 주인으로 모시며 살게 되니 괴로움에서 벗어날 수가 없다.

마음공부를 하는 과정에서 어떤 상황을 만나도 본래 목적인 '깨달음', 또는 '행복'을 놓치지 말아야 한다. 하지만 중생은 '전도몽상'에 빠져서 금방 본래 목적을 놓치고 괴로움 속에서 살아가는 어리석은 존재다. 이성적인 사고와 노력으로 애써 챙기지 않으면 '전도몽상'으로부터 벗어날 길이 없다. 따라서 마음공부를 잘 하려면 먼저 '원리 전도몽상', 즉 '뒤바뀐 헛된 생각을 멀리 떠나는 법'을 익혀야 한다. 그 방법을 알려주며 실천하게 하는 것이 『반야심경』이다.

『반야심경』의 정확한 명칭은 『마하반야바라밀다심경』이다. 마하는 '크다', 반야는 '지혜', 바라밀다는 '도달하다', 심경은 '정수를 담은 경전'이라는 말의 합성어로 '큰 지혜에 도달하는 정수를 담은 경전'이라는 뜻을 담고 있다. 『반야심경』은 앞에서 다룬 육바라밀의 최종 단계인 반야바라밀행의 구체적인 방법을 담고 있는 경전으로 볼 수 있다.

『반야심경』도 원래는 '이와 같이 나는 들었다'로 시작해서 '기뻐하여 받들어 행하였다'로 끝을 맺는다. 부처님이 삼매에 들고 관자재보살이 반야바라밀다를 행하는 모습을 보일 때 사리불이 보살이 행할 바를 묻고, 관자재보살이 설하는 형식으로 이뤄진 경전이다. 현재 우리가 독송하는 경전은 앞뒤 내용은 빼고 260자로 설법의 핵심만 요약한 것이다. 부처님이 설하신 8만4천 법문의 핵심을 담고 있기에 법회가 끝날 때마다 독송하며 그 뜻을 새기고 또 새기는 것이다.

『반야심경』의 핵심 키워드는 '오온(五蘊)', '공(空)', '무(無)'로 볼 수 있다. 이런 키워드는 당시 빨리어를 사용했던 석가모니 부처님이 직접 쓰신 말이 아니라 중국어로 번역된 말이라는 것에 신경을 써야 한다. 우리는 오랫동안 중국어로 번역한 경전을 들여와 다시 한글로 번역해서 쓰고 있으니 그 뜻을 온전히 받아들이기가 힘든 것은 사실이다. 요즘은 이런 한계를 극복하고자 부처님이 사용하셨다는 빨리어를 직접 번역한 초기불교의 경전을 바탕으로 기존에 경전 번역과 다른 뜻으로 해석하는 이들도 있지만, 이것 역시 분명히 부처님 당시와 상황이 달라진 상태에서 이뤄진 번역이라 꼭 이것만이 제대로 된 해석이라고 볼 수는 없다. 번역의 어려움을 보여주는 예 중에 다음과 같은 이야기가 있다.

김소월의 시에 반했다는 독일학자가 인터뷰에서 번역의 어려움을 토로한 적이 있다. 김소월의 시를 노벨문학상 후보로 손색이 없다 생각해서 번역을 시도했는데 '초혼' 같은 시에서 가슴이 꽉 막혔다고 한다.

"산산이 부서진 이름이여!"

이 구절을 직역하면 '브로큰 이즈 네임(Broken is Name)' 정도가 되는데 그러면 그 뜻이 완전히 달라진다. 김소월의 고향인 평북 영변에서 장례를 치를 때 혼을 부르기 위해 지붕 위에서 망자의 이름을 애타게 부르는 문화를 담아야 하는데, 그 문화를 담은 번역어를 찾을 수가 없어서 난감하다고 했다. 즉 어떤 말로 번역해도 김소월이 노래한 '초혼'의 의미를 온전히 전달할 수가 없었기에 답답했다는 것이다.

말의 뜻은 언어만으로 전달되는 것이 아니라 상황(말하는 이와 듣는 이의 관계, 말이 이뤄지는 시간과 공간)과 당시의 문화가 반영되어 전달된다. 부처님 열반 후에 아무리 부처님이 쓰신 말씀을 그대로 옮겨 놓았다 하더라도 이미 상황과 문화가 달라졌기에 의미전달의 차이가 날 수밖에 없다. 따라서 번역어를 볼 때는 어쩔 수 없이 그 말이 쓰였던 당시의 문화와 상황을 함께 받아들일 수 있어야 한다. 인도의 스님으로 중국에서 수많은 경전을 번역한 구마라집은 "번역은 음식을 삼켰다 내뱉은 구토물과 같으니 잘 새겨야 한다."고 했다.

『반야심경』의 핵심 키워드인 '오온(五蘊)'과 '공(空)', 그리고 '무(無)'는 현장스님이 부처님의 말씀을 의역하면서 쓴 말이다. 따라서 말뜻을 이해하려면 그 상황도 함께 이해해야 한다. 현장스님은 인도에서 공부했고, 빨리어로 배운 부처님의 가르침을 중국어로 표현한 것이다. 즉 '오온', '공', '무'를 이해하려면 우리말로 번역되는 한자의 뜻을 직역만 할 것이 아니라 그 당시 부처님의 가르침에 따라 수행한 후에 깨달음을 이룬 스님들이 이런 말을 어떤 상황에서 썼는지를 살펴서 의역을 할 수 있어야 한다.

1. 조견 오온개공과 반야바라밀행

관자재보살 행심반야바라밀다시
觀自在菩薩 行深般若波羅蜜多時
조견 오온개공 도 일체고액
照見 五蘊皆空 度 一切苦厄

관자재보살이 깊은 반야바라밀다를 행할 때,
오온이 공한 것을 비추어 보고 온갖 괴로움에서 건너느니라.

『반야심경』은 맨 앞에 있는 이 구절이 핵심이다. '오온'

과 '공'의 뜻만 제대로 알면 바로 깨달음에 이른다는 것이다. 부처님 당시에 제자들은 부처님의 말씀을 듣는 즉시 그 자리에서 깨달음을 얻는 경우가 많았다. 같은 시대, 같은 자리, 같은 문화, 같은 언어를 사용했으니 바로 그 자리에서 말씀의 뜻을 그대로 이해하고 받아들였기에 가능한 일이었을 것이다. 하지만 부처님 열반 후부터 상황이 달라졌다. 부처님의 말씀을 직접 들은 제자들이 1차결집으로 경전을 편찬했지만, 그 당사자들이 사라진 100년 후부터는 같은 문화, 같은 말을 쓰는 이들도 부처님의 말씀을 서로 다르게 해석하면서 부파가 생기기 시작했다. 『반야심경』이 번역된 것으로 알려진 1,000년 후에는 더욱 그랬다. 그러니 『반야심경』의 '오온'이나 '공'이란 말도 글자의 뜻으로만 새길 것이 아니라 그것을 의역으로 옮긴 시대의 문화와 번역자인 현장스님의 의도도 함께 반영해서 새길 수밖에 없는 것이다.

'오온'은 사전적 의미로 '불교에서 인간을 구성하는 물질적 요소인 색온(色蘊)과 정신요소인 수온(受蘊), 상온(想蘊), 행온(行蘊), 식온(識蘊)을 합쳐 부르는 말'을 뜻한다. 색온은 물질작용, 수온은 감각작용, 상온은 지각작용, 행온은 의지작용, 식온은 지식작용으로 해석하고 있다. 그런데 오온을 이렇게 물질적, 정신적 요소라는 이분법으로 나누는 것에는 한계가 있다고 보는 이들도 있다. 그들은 인간을 소우주로 보고 색온까지도 소우주를 움직이는 정신적인 요소로 다룬다. 그래서 색(욕망), 수(감각), 상(생각), 행(행위), 식(알음알이)으로 해석한다.

'공'은 사전적 의미로 '비었다, 또는 없다'로 풀이한다. 그런데 '공'을 '비었다'는 직역의 의미로만 볼 것이 아니라 '허공'이라는 개념으로 봐야 한다는 이들이 있다. 허공은 비어 있는 것 같지만 또 한편으로 가득 차 있는 공간이다. 그들은 '오온개공'을 '오온이 다 비었다'가 아니라 '오온은 허공처럼 비어 있는 것 같지만 가득 차 있다'고 해석한다. 그래서 '조견 오온개공 도 일체고액'을 '오온을 허공처럼 텅 빈 것처럼 가볍게, 또는 허공처럼 모든 것을 다 품은 것처럼 걸림 없이 보고 나서 괴로움에서 벗어났다'는 뜻으로 해석하기도 한다.

• 조견 오공개공 체험하기

이쯤에서 잠시 실험해 보자. 먼저 내 몸을 허공처럼 생각하고 자리에 앉아 가만히 눈을 감고 허공과 하나가 되어가는 모습을 떠올려보자.

스스로 점검해 보자. 내 몸이 얼마나 허공과 하나가 되어가고 있는가?

이번에는 그 상태에서 미워하는 사람이나 슬픈 일을 떠올려 보자. 그 상태에서 허공과 하나되는 일이 가능한지 스스로 점검해 보자. 이 상태에서도 몸이 허공처럼 가벼워지고 텅 빈 것처럼 느껴지는가?

이번에는 반대로 사랑하는 사람이나 기뻤던 일을 떠올려보자. 이마가 환하게 웃는다 생각하고, 입꼬리를 살짝 올리며 행복한 장면을 떠올리며 허공과 하나가 되는 생각을 해보자.

어떤가? 몸과 마음이 허공처럼 가벼워지면서 편안해지지 않는가?

일상에서 자신의 몸과 마음을 허공처럼 가볍게 하면서 살 수 있다면 그것이 곧 행복을 이루는 길이다. 이렇게 '조견 오온개공'의 의미를 잠깐이나마 느낀 것을 잘 새길 필요가 있다. 출가수행자들은 여기서 한 발 더 나아가 행복이라는 그 감정조차 내려놓고 허공처럼 걸림없는 경지에 이르면 깨달음을 얻을 수 있다고 한다.

『반야심경』은 첫머리에서 '조견 오온개공 도 일체고액'으로 핵심요약을 해주었다. 하지만 이것만으로 알아듣지 못하는 이들이 많으니까 다음 단계에서 좀더 쉽게 부연설명을 하고 있다.

2. 색즉시공 공즉시생 수상행식 역부여시

색불이공 공불이색
色不異空 空不異色
색즉시공 공즉시색
色卽是空 空卽是色
수상행식 역부여시
受想行識 亦復如是

색이 공과 다르지 않고 공이 색과 다르지 않으며,
색이 곧 공이요 공이 곧 색이니,
수상행식도 역시 그러하다.

오온에는 색(욕망), 수(감각), 상(생각), 행(행위), 식(지식)이 있다. '오온 개공'을 구체적으로 제시하며 첫 문장에서 제시한 핵심요약을 이해하지 못한 이들을 위해 부연 설명하고 있다. 즉 욕망, 감각, 생각, 행위, 알음알이가 공과 다르지 않으며 서로 같다는 것을 좀 더 쉽게 구체적으로 풀어주고 있는 것이다.

공중무색 무수상행식 무안이비설신의
空中無色 無受想行識 無眼耳鼻舌身意

무색성향미촉법 무안계 내지 무의식계

無色聲香味觸法 無眼界 乃至 無意識界

공 가운데는 색이 없고 수상행식도 없으며,

안이비설신의도 없고, 색성향미촉법도 없으며,

눈의 경계도 의식의 경계까지도 없다.

욕망, 감각, 생각, 행위, 알음알이는 허공과 같고, 여섯 가지 감각기관도 그와 같으니 눈으로 보는 것에는 분명히 한계가 있다. 같은 시간, 같은 자리에서, 같은 장면을 보게 하고 본 것을 표현해 보라고 하면 사람에 따라 각자 다르게 나타난다. 자신의 눈으로 보는 것이 전부가 아니라는 것을 알 수 있다.

귀로 듣는 것도 마찬가지다. 사람들은 지역과 민족에 따라 서로 다른 언어를 쓰고 있지만 동물들은 같은 소리를 쓰고 있다. 하지만 사람이 동물의 소리를 표현하는 소리는 다르다. 우리는 '음메'라고 듣고 표현하는 소리를 러시아에서는 '가브가브'라고 듣고 표현하고 있다. 귀와 소리에 본래 정해진 실체가 없고, 인간이 어떻게 듣느냐에 따라 소리도 달라진다는 것을 알 수 있다.

코로 맡는 냄새도 마찬가지다. 어느 지역에서는 최고의 향수로 쓰이는 것이 어느 지역에서는 악취로 취급을 받기도 한다. 냄새에 실체가 있다면 사람마다 똑같은 냄새로 받아들여야 하는데 그렇지 않은 이유가 냄새와 코가 서로 공하기 때문이다.

맛도 그렇다. 어느 민족에게는 최고의 맛이라고 사랑받는 음식이 어느 민족에게는 혐오 식품 취급을 받는 경우도 있다. 우리 민족에게는 최고의 건강식품인 마늘이 외국에서는 혐오의 냄새로 취급받는 것만 생각해도 금방 그 뜻을 알게 될 것이다. 맛이 혀끝에만 있는 게 아니라 마음에 있다는 것을 보여주고 있다.

몸은 어떤가? 어떤 사람은 가시에만 찔려도 죽을 듯한 고통을 느끼지만, 어떤 이는 팔뚝 하나가 잘려나가도 덤덤하다. 감촉에 실체가 있다면 이런 차이를 어떻게 설명할 것인가? 몸과 촉이 공하지 않다면 설명하기 힘든 일이다.

뜻도 그렇다. 한때는 미풍약속이었던 것이 과거의 악습으로 취급당하는 경우가 많다. 세상의 모든 법은 변한다. 한때 절대불변의 법칙 같았던 창조론도 변했다. 지금은 세상에 변하지 않는 것이 있다면 '세상에 모든 것은 변한다는 것만 빼고 모든 것이 변한다'는 게 진리라는 말이 설득력을 갖고 있다. 하지만 지금은 진리처럼 보이지만 언젠가는 이것도 변할 수 있다.

오온의 작용을 일으키는 오근(五根)인 눈, 귀, 코, 혀, 몸, 뜻도 없고, 오근으로 취하게 되는 오경(五境)인 형체, 소리,

향기, 맛, 감촉, 알음알이는 어디에도 있을 곳이 없다. 그야말로 무안이비설신의, 무색성향미촉법, 무안계 내지 무의식계인 것이다.

• 필수 점검하기

이쯤에서 알음알이를 경계해야 한다. 『반야심경』을 문자로 풀이하는 것은 '알음알이'를 내세우는 행위다. 이는 곧 '식불이공(識不異空, 알음알이가 공과 다르지 않다) 식즉시공(識卽是空, 알음알이가 곧 공이다)', '공즉무식(空中無識, 알음알이 가운데 공이 없다)'에 상반되는 행위다. 따라서 이렇게 '알음알이'로 『반야심경』을 해석하고 받아들이는 그 자체가 공부와 멀어질 수 있다. '알음알이'로만 알아가는 것은 참다운 공부가 아니라는 것을 분명히 알고, 공부의 샛길로 새지 않도록 경계의 끈을 놓치지 않아야 한다.

이 책에서 '알음알이'로 늘어놓는 것은 기존의 '알음알이'로 번져나간 '오온'과 '공'의 개념을 좀더 폭넓게 받아들일 수 있도록 하기 위함이다. '오온'의 '색'을 '물질적인 것'으로만 볼 것이 아니라 '욕망'으로도 보고, '수상행식'도 감각(수), 지각(상), 의지(행), 지식(식)으로만 볼 것이 아니라 느낌(수), 생각(상), 행위(행), 알음알이(식)로도 볼 수 있다는 것을 알리기 위함이다. '공'을 '텅 빈 것'으로만 볼 것이 아니라 '허공처럼 텅 빈 것 같지만 가득 찬 것'으로도 볼 수 있도록 하기 위함이다. '알음알이' 공부로 만족하는 것이 아니라 그 '알음알이'까지 내려놓고 발심을 다져가며 공부의 깊이를 더 해 갈 수 있도록 조금이라도 도움을 주기 위함이다.

• 오직 모를 뿐! 이뭐꼬?

지금까지 '알음알이'로 살펴본 '오온'이니 '공'이니 하는 것을 다 내려놓고 잠시 눈을 감고 편하게 자리를 잡아보자.

그리고 내 몸이 마치 허공이 된 것처럼 가볍게 만들어보자. 허공처럼 되겠다는 욕망도 내려놓고, 올라오는 감각도 내려놓고, 생각도 내려놓고, 어떻게 하려는 행위도 내려놓고, 올라오는 알음알이도 내려놓고 가만히 모든 것을 허공에 맡겨보자. 뜻대로 되지 않아 올라오는 괴로움도 내려놓고 가만히 바라보자. 그리고 가만히 속으로 되뇌어 보자.

오온이란 무엇인가? 공이란 무엇인가?

이 무엇인가?

이뭐꼬? 이뭐꼬?

허공에 모든 것을 내려놓고 고요히 잠겨보자.

이뭐꼬? 이뭐꼬?

『반야심경』의 핵심 키워드인 '오온', '공', '무'에 대해 '알음알이'로 이해하는 것은 사실상 불가능에 가깝다. 이처럼 '오직 모를 뿐!'이라는 생각으로 '이뭐꼬?'를 통해 참구하며 찾아가는 것이 '오온', '공', '무'에 대해 깊은 반야바라밀을 행하는 길이다.

3. 12연기와 반야바라밀행

무무명 역무무명진

無無明 亦無無明盡

내지 무노사 역무노사진

乃至 無老死 亦無老死盡

무명도 무명이 다함까지도 없으며,

늙고 죽음도 없고 늙고 죽음이 다함까지도 없다.

이 부분은 부처님의 12연기법(緣起法)을 다루고 있다. '공'이 '텅 빈 것'만을 의미하는 것이 아니라 '허공처럼 유기적으로 가득 찬 것'이라는 뜻으로도 해석할 수 있고, '색수상행식이 공과 다르지 않다'는 말은 '모든 것이 허공에서 연기법으로 맺어져 있다'고 해석할 수도 있다.

"연기법은 내가 만든 것도 아니요, 또한 다른 깨달은 이가 만든 것도 아니다. 연기법은 여래들이 세상에 출현하거나 세상에 출현하지 않거나 항상 법계에 존재한다."
– 『잡아함경』의 '연기법경'에서

연기법은 '인연법', '인과법'이라고도 한다. '이것이 있으므로 저것이 있고, 저것이 있으므로 이것이 있다'는 것으로 해석된다. "연기를 보는 자가 법을 보고, 법을 보는 자가 부처를 본다"는 말이 있듯이 연기법은 불교의 핵심사상이다. 불교의 삼법인(三法印)인 제행무상(諸行無常), 제법무아(諸法無我), 일체개고((一切皆苦)의 사상적 근간을 이루고 있다.

"한 장의 종이에도 구름이 가득 담겨 있다."

연기법은 얼핏 보면 말이 안 되는 이런 말도 성립하게 한다. 종이를 만들기 위해서는 나무가 필요하고, 나무를 기르려면 비가 있어야 하고, 비가 있으려면 구름이 있어야 한다. 그러므로 한 장의 종이에도 구름이 가득 담겨 있다는 논리가 성립되는 것이다. 종이도 공이고 구름도 공인 것처럼 소우주의 일부인 나를 이루는 색수상행식도 삼라만상과 유기적으로 맺어진 공임을 알아야 한다.

　12연기법은 ①무명(無明)이 ②행(行)을 일으키고, ③식(識)을 일으키고 ④명색(名色)을 일으키고 ⑤6입(六入)을 일으키고 ⑥촉(觸)을 일으키고 ⑦수(受)를 일으키고 ⑧애(愛)를 일으키고 ⑨취(取)를 일으키고 ⑩유(有)를 일으키고 ⑪태어남(生)을 일으키고 ⑫늙고 죽음(老死)을 일으켜서 괴로움의 쳇바퀴를 돌린다는 것을 보여준다.

　괴로움에서 벗어나려면 ①무명에서 깨어나야 하는데, 그러려면 ⑫늙고 죽음이 없어야 하고, ⑪태어남(生)이 없어야 하고, ⑩유(有)가 없어야 하고, ⑨취(取)가 없어야 하고, ⑧애(愛)가 없어야 하고 ⑦수(受)가 없어야 하고, ⑥촉(觸)이 없어야 하고, ⑤6입(六入)이 없어야 하고, ④명색(名色)이 없어야 하고, ③식(識)이 없어야 하고, ②행(行)이 없어야 하고 ①무명(無明)이 없어야 한다고 한다. 즉 늙고 죽음이 없어야 무명이 없고, 무명이 없어야 늙고 죽음도 없는 경지, 그것이 곧 공의 경지라는 것이다.

　그렇다면 어떻게 '늙고 죽음이 없고, 무명(無明)이 없는 경지'에 이를 수 있는가? 앞의 '천수경 훑어보기'에서 탐진치 삼독심의 근원인 치암은 무명과 같은 개념으로 봐야 한다고 했다. 고로 무명이 없으려면 치암업을 닦아야 한다.

어떻게 치암업을 닦을 것인가? 부처님께 간절히 귀의하고, 끊임없이 십악업을 참회하고, 중생구제라는 큰 발원을 세워 보시, 지계, 인욕, 정진, 선정 등의 바라밀행을 통해 제일바라밀인 반야바라밀행을 해야 한다. 관자재보살은 바로 이러한 깊은 반야바라밀행을 행한 끝에 '오온이 공하다'는 것을 봄으로써 모든 고통에서 벗어났다는 것이다.

그러니까 이 부분은 '관자재보살 조견 오온개공 도 일체고액'을 이해하지 못한 중생들을 위해 12연기법을 통해 다시 한번 구체적으로 부연 설명해주고 있는 것이다.

4. 사성제와 반야바라밀행

무고집멸도 무지역무득

無苦集滅道 無智亦無得

이무소득고 보리살타 의반야바라밀다고

以無所得故 菩提薩埵 依般若波羅蜜多故

심무가애 무가애고 무유공포

心無罣碍 無罣碍故 無有恐怖

고집멸도도 없고 지혜도 없고 또한 얻는 것도 없고

얻을 것이 없는 까닭에 보살은 반야바라밀다를 의지해서

마음에 걸림이 없고 걸림이 없으므로 두려움이 없다.

'무고집멸도'는 부처님의 기본 가르침인 네 가지 진리인 사성제(四聖諦)와 '공' 사상이 연결되어 있다. 오온이 공하다는 것을 알면 괴로움(苦), 괴로움의 원인(集), 괴로움의 소멸(滅), 괴로움을 소멸하는 길(道)조차 없게 된다. 그러해서 '공'의 경지에 들어 얻을 것이 없다는 것을 알았으니 마음에 걸릴 것이 없고 두려울 것도 없는 경지에 이른다는 것이다. 이것 역시 '조견 오온개공 도 일체고액'을 좀더 이해하기 쉽게 사성제를 통해 부연 설명한 것이다.

5. 원리 전도몽상과 반야바라밀행

원리 전도몽상 구경열반

遠離 顚倒夢想 究竟涅槃

삼세제불 의반야바라밀다고

三世諸佛 依般若波羅蜜多故

득아뇩다라삼먁삼보리

得阿耨多羅三藐三菩提

뒤바뀐 헛된 생각을 멀리 떠나 완전한 열반에 들어가며

삼세의 모든 부처님도 반야바라밀다를 의지하므로
최상의 깨달음을 얻는다.

『반야심경』에서 마음공부에 첫마음을 일으킨 사람들이
가장 주의 깊게 새겨야 할 구절이 바로 '전도몽상', 즉 '뒤
바뀐 헛된 생각'이다. 부처님과 보살님은 '오온'이 '공'하다
는 것을 알아 '뒤바뀐 헛된 생각을 멀리 떠나' 깨달음을 얻
었다. 이 말은 곧 '오온'이 '공'하다는 것을 보지 못하는 중
생들은 '전도몽상'으로 괴로움 속에서 살고 있다는 것을 일
깨워주는 말이 된다. 따라서 재가불자로서 '전도몽상'을 잘
이해하면 일상에서 부처님의 가르침을 활용하여 괴로움을
벗어나서 행복을 추구하는 구체적인 방법을 찾아갈 수가
있다.

부처님의 법문을 담은 모든 경전의 구조는 거의 다 피라
미드의 구조를 취하고 있다.
『금강경』은 부처님이 제자들과 함께 차제 걸식을 하고
돌아와서 공양을 한 후에 발을 씻고 자리에 앉는 것으로 수
행인의 모습을 그대로 보여주었다. 이미 이 부분에서 솔선
수범하는 자세로 말 없는 법문을 마친 것이다. 그때 부처님
의 말 없는 법문을 알아들은 수보리가 중생들도 이런 부처
님의 가르침을 알아들을 수 있도록 해달라고 법문을 청한

다. 수보리의 청을 받아 부처님이 단계적으로 법문을 설해 가는데, 점점 쉽게 단계적으로 해나간 법문을 못 알아들은 중생들을 위해 마지막으로 정 그렇다면 사구게만이라도 외우라는 방편을 주는 것으로 끝을 맺는다.

『법화경』도 마찬가지다. 서문에서 이미 부처님은 솔선수범으로 말 없는 법문을 설하셨다. 그 말 없는 법문을 알아들은 사리불이 중생들을 위하여 법문을 해달라고 세 번에 걸쳐 청하자 비로소 말로 하는 법문을 하신다. 단계적으로 점점 쉬운 비유와 예시로 법문을 설하는데, 마지막에는 쉽게 풀어준 법문조차 못 알아듣는 중생들을 위하여 누구나 할 수 있도록 '관세음보살'을 부르거나 '다라니를 외우라'는 방편을 주는 것으로 끝을 맺는다.

『반야심경』도 여느 경전들처럼 단계적으로 법문을 설하는데, 앞의 법문을 못 알아들은 중생들을 위하여 점점 쉽게 부연 설명하는 구조를 취하고 있다. '전도몽상'은 중생들을 위하여 누구나 쉽게 외울 수 있는 다라니를 방편으로 주기 바로 전 단계에서 설하는 법문이다.

'원리 전도몽상 구경열반'은 이전의 법문을 알아듣지 못한 중생들의 눈높이에 맞춘 법문으로 '뒤바뀐 헛된 생각을 멀리 떠나야 괴로움으로부터 벗어날 수 있다'는 뜻을 담고 있다. '원리 전도몽상'이 곧 '조견 오온개공'과 다르지 않다는 것을 뜻한다. 따라서 '오온개공'을 이해하려면 '전도몽상'을 이해하는 것으로 대체할 수도 있는 것이다. 그렇다면 '전도몽상', 즉 '뒤바뀐 헛된 생각'이란 무엇인가?

남자와 여자가 사랑해서 한시라도 떨어져 있으면 못 살 것 같아 결혼해서 함께 살기로 했다. 떨어져 있을 때는 서로 의사표현에 적극적이었던 성격이 점점 약점으로 드러나기 시작한다. 의견 충돌이 있을 때마다 강대강으로 부딪혀서 상처가 크다.

"내가 못 살아. 양말 이렇게 벗어놓지 말라고 했지?"
"습관인 걸 어떻게 해? 좀 봐주면 안 돼?"
"도대체 집안 교육이 어땠길래 이걸 습관이라고 해?"
"그러는 당신 집안 교육은 뭐가 좋아서 남편한테 이렇게 대들어?"

제3자 입장에서 보면 별것도 아닌 문제로 싸우다 끝내는 감정에 불까지 지른다. 갑자기 화제까지 바꿔가며 극한 감정대립으로 가다 보니 끝내는 "사네, 못사네" 하는 것이다. 그나마 이혼이라도 하면 좋아질까? 자식들이나 주변 사람들의 쑥덕거림을 핑계로 이혼은 하지 못하겠다고 하면서 애초에 꿈꿨던 행복한 삶에서 뒤바뀐 헛된 생각에 속아 괴로움을 안고 살아가고 있다.

　이런 부부에게 1단계로 '조견 오온개공 도 일체고액'이라고 하면 절대로 알아듣지 못한다. 2단계인 '색불이공 공불이색 색즉시공 공즉시색 수상행식 역부여시'를 조금 더 쉽게 알아듣도록 '상대를 어쩌려고 하는 욕망, 그로 인해 올라오는 감정, 생각, 행동, 알음알이를 공으로 받아들여 다 내려놓고 상대를 대하라'고 해석해 줘도 자신과 상관없는 말로 들어버리니 제대로 들릴 리가 없다. 3단계인 '시 제법공상 불생불멸 불구부정 부증불감'을 '양말을 함부로 벗는 것이 그 사람의 전부는 아니니 보태지 말고 있는 그대로 받아들여야 한다'고 하는 말도 듣지 못한다. 4단계인 '공중무색 무수상행식'을 '결혼은 사랑을 이뤄가는 과정이니 그 과정에서 상대에게 바라는 욕망, 그로 인해 올라오는 감정, 생각, 행동, 알음알이를 없다고 생각하고 상대에게 맞추며 살아야 한다'고 해석해서 설명해도 마찬가지다. 5단계인 '무안이비설신의 무색성향미촉법 무안계 내지 무의식계'를 '당신이 눈으로 본 것이나, 귀로 들은 소리, 코로 맡은 냄새, 혀로 내뱉는 말, 몸으로 느끼는 감촉, 뜻으로 내세우는 것들이 상대에게는 잘못된 것일 수 있으니 그런 것들도 다 없다고 받아들여 상대에게 맞추며 살아야 한다'고 좀더 구체적으로 해석하고 설명해줘도 마찬가지다.

　여기까지는 출가수행자들이 알아들을 수 있는 말이니 재

가불자가 알아듣지 못하는 것은 당연하다고 볼 수도 있으니 그러려니 할 수 있다.

'행복하겠다고 결혼해놓고 저게 뭐하는 짓이야. 결혼은 헛된 것이니(결혼즉시공) 결혼하지 않길 잘 했지?'

출가수행자들은 행복하겠다고 결혼하고는 '전도몽상'으로 싸우며 사는 부부를 이해하지 못해 이렇게 생각하며 그들을 반면교사로 삼아 세속의 욕망을 끊어가며 더욱 수행에 더욱 정진할 수 있다.

6단계인 12연기와 7단계인 사성제도 출가수행자들이라면 쉽게 알아들을 수 있다. '생사해탈'을 위해 '결혼즉시공'을 이해하기에 결혼생활에서 생기는 문제쯤이야 얼마든지 공으로 받아들일 수 있기 때문이다.

하지만 결혼한 재가불자들은 '결혼즉시공'을 실감할 수 없으니 '행복한 결혼생활'을 위해 '결혼생활에서 생기는 문제를 공'으로 봐야 하는데 그게 결코 쉬운 일이 아니다. 재가불자의 관점에서 12연기법을 해석하면 다음과 같이 설명할 수 있다.

행복하겠다고 결혼해놓고는 막상 지혜에 어두운 ①무명이, 행복을 해치는 ②행을 반연해서 상대를 나에게 맞춰야겠다는 ③식을 만들고, 그 식이 양말을 함부로 벗어놓으면 안 된다는 ④명색을 만들고, 그 명색이 ⑤6입(六入)을 반연해서 안 좋은 모습으로 ⑥접촉(觸)을 일으키고, 그 접촉이 ⑦안 좋은 감정(受)을 반연해서 ⑧애(愛)를 일으키고, 그 애가 반연해서 안 좋은 감정을 ⑨선택(取)하게 해서 상대에게 안 좋은 감정을 ⑩표현(有)하니 ⑪갈등(生)이 일어나고 갈등이 반연해서 행복하겠다는 결혼의 목적을 놓치고 ⑫싸우는 일(老死)을 반복하니 괴로움에서 벗어날 길이 없다. 그러니 행복하겠다는 결혼의 목적을 바로 세워 사랑으로 ⑫싸울 일(老死)을 없애면, ⑪갈등(生)이 없고, ⑩안 좋은 감정을 표현(有)할 일이 없고, ⑨안 좋은 감정을 선택(取)할 일이 없고, ⑧안 좋은 감정을 좋아할(愛) 일이 없고, ⑦안 좋은 감정(受)이 없고, ⑥안 좋은 일을 접촉(觸)할 일이 없고, ⑤6입(六入)을 자극할 명색이 없어지고, ④양발 벗어놓을 것을 시비할 일이 없어지고, ③상대를 나에게 맞춰야겠다는 식도 없어지고, ②행복을 해치는 행(行)도 없어지니, ①무명에서 벗어나 행복한 결혼생활을 누리게 된다.

12연기법으로 접근하면 1단계인 '조건 결혼개공'부터 5단계인 '무안계 내지 무의식계'로 듣는 것보다는 좀 쉬울 수 있지만, 그럼에도 불구하고 아직도 받아들이기 어려운 것들이 많을 수밖에 없다. 이성적으로는 맞는 말인 줄 알겠는데도 감정적으로는 쉽게 받아들일 수가 없는 말들이 많기 때문이다.

이런 중생을 위해 필요한 것이 7단계인 사성제다. 결혼생활이 괴로움(苦)이라는 것을 알고 그 괴로움을 그대로 받아들이면, 상대를 자신에게 맞추려는 것이 괴로움의 원인(集)이라는 것을 알 수 있으니, 상대를 자신에게 맞추기보다 사랑으로 자신을 상대에게 맞추며 괴로움을 소멸(滅)하는 일을 하면 그것이 곧 행복한 결혼생활을 유지하는 길(道)이라는 것이다.

이렇게 설명해줘도 이해하지 못하고 받아들이지 못하는 중생들을 위하여 보살은 좀더 쉽게 알아듣도록 '원리 전도 몽상 구경열반'이라는 말로 설하는 것이다. '행복하기 위해 싸우는 것을 멀리 떠나(원리 전도몽상), 결혼의 본래 목적인 행복을 얻는다(구경열반)'는 식으로 좀더 쉽게 알아들을 수 있도록 풀이해주는 것이다.

중생이 괴로움 속에 사는 것은 '뒤바뀐 헛된 생각'을 멀리 떠나 살지 못하기 때문이다. 따라서 행복하고 싶으면 '뒤바뀐 헛된 생각을 멀리 떠나' 살아야 한다.

결혼은 사랑을 완성해서 행복하게 살겠다고 선택한 일이다. 그런데 결혼하고는 금세 '뒤바뀐 헛된 생각'에 빠져든다. 사랑으로 상대를 감싸주기보다 사랑을 앞세워 상대를 구속하려 한다. 사랑으로 자신을 상대에게 맞추기보다 사랑을 무기로 상대가 자신에게 맞춰주기를 바란다. 그러다 보니 싸움이 일어난다.

"양말을 이렇게 벗어놓으면 어떻게 해?"

이 말은 자신을 사랑한다면 양말을 제대로 벗어놓으라는 의사를 표현하는 말이다. 사랑을 내세워 상대를 구속하는 마음이 담긴 말이다. "내가 사랑하는 당신, 당신도 나의 마음을 받아주셔서 빨래하는 내가 고생하지 않도록 양말을 곱게 벗어주면 좋겠어"라고 곱게 말해도 오랜 습관이 든 상대가 쉽게 받아들일까 말까 한데, 사랑하는 상대를 전혀 배려하지 않는 말로 구속하려 하니 그 결과가 좋을 리가 없다. 행복한 결혼생활을 하겠다는 본래의 목적을 잊어버리고 '뒤바뀐 헛된 생각'으로 빠져들었기 때문이다.

이것이 중생이 삶이다. '전도몽상'에 빠진 중생들은 이렇게 살면서 괴로움을 자초하고 있다.

그렇다면 어떻게 결혼의 본래 목적인 행복한 결혼생활을 이어갈 수 있을까? 무엇보다 먼저 매순간 '원리 전도몽상', 즉 '헛된 생각을 멀리 떠나기' 위해 자신의 행동을 살펴야 한다. 결혼의 본래 목적을 챙기지 않으면 양말 벗어놓은 것 하나로 순식간에 결혼생활을 뒤집어엎는 중생의 어리석은 삶을 살게 된다는 것을 분명히 인식해야 한다. 매순간 결혼의 본래 목적을 놓치지 않고 사랑하는 일만 챙겨가는 것이 지혜로운 이의 선택이라는 것을 분명히 알아야 한다.

사랑한다면 사랑하는 일을 하라. 행복하고 싶다면 지금 당장 행복한 일을 하라. 즉 행복한 결혼생활을 이어가려면 '뒤바뀐 헛된 생각을 멀리 떠나' 행복한 일만 해나가면 되는 것이다.

공부에 임할 때도 우리는 늘 '원리 전도몽상'을 떠올려야 한다. 그렇지 않으면 어느 한 순간에 공부하는 본래 목적을 놓치고 공부를 이루기 위한 수단에 불과한 방편에 속아 공부 아닌 길로 떨어질 수가 있다. 그런 점에서 공부하는 이라면 누구나 '아메리카 소림사'라는 영화의 한 장면을 떠올렸으면 한다.

주인공은 열심히 수행하여 무술로는 모든 시험과정을 다 통과했다. 이제 마지막 시험 과정이 남았다. 스승은 제자에게 중요한 문서를 주면서 멀리 떨어진 곳에 있는 스님에게 다녀오라고 한다.

"이 문서는 아주 중요한 것이니 잃어버렸을 때는 다시 돌아올 생각을 하지 말아라."

제자는 사명감을 갖고 떠났지만 중도에서 떨어지면 죽을 수밖에 없는 높은 계곡에 있는 외나무다리를 건너다 검객을 만난다. 다짜고짜 시비를 건 검객으로 인해 외나무다리 위에서 싸움이 벌어졌다. 주인공의 공격을 받은 검객이 밀려 외나무다리에서 떨어질 위기에 처했다. 주인공은 순간적으로 검객의 손을 잡았지만, 그대로 검객을 살려주려고 힘을 쓰다가는 문서를 떨어뜨려 잃어버릴 위기에 처했다. 순간적으로 '문서를 잃어버리면 다시 돌아올 생각을 하지 말라'는 스승의 말씀이 떠올라 고민했지만, 사람을 살리는 게 우선이라 생각해서 검객을 구해준다. 문서는 계곡 밑으로 떨어져 찾을 수가 없었다. 문서를 잃어버린 주인공은 실의에 빠지지만, 그럼에도 불구하고 문서를 잃어버렸다는 것만이라도 전하려고 목적지까지 간다. 그때 풀이 죽어 있는 주인공을 보고 스님이 말한다.

"사람의 목숨이 중한 줄 알았으니 너는 최종관문을 통과했느니라."

수행은 사랑의 완성이다. 스승은 주인공이 공부의 목적을 잘 챙기고 있는지 실험하고자 검객을 보내 싸움을 붙였던 것이다.

"대학입시를 보러 가는데 환자가 쓰러져 있는 것을 보면 어떻게 하겠냐?"는 면접 질문에 "시험은 12년을 준비해 온 것으로 나만 볼 수 있고, 환자는 다른 사람도 구할 수 있으니 시험을 보러 가겠다"고 당당하게 말하는 수험생이 난무하는 현실에서 깊이 새겨볼 이야기다.

마음공부는 인과법을 믿는 것이다. 마음공부를 하는 이가 자신만을 생각하고 주변 사람들의 고통을 나 몰라라 하면 그것은 반드시 괴로움을 불러온다. 설사 그 순간만큼은 본인이 원하는 것을 얻었다 해도 인과법에 의하면 반드시 그 과보를 받게 되어 있다. 따라서 "환자가 쓰러져 있는 모습을 보면 어떻게 하겠냐?"는 질문을 받았을 때 인과법을 믿는다면 "환자를 그냥 두고 시험을 보러 가면 아무래도 그게 마음에 걸려 시험도 잘 보기가 힘들 것이고, 또한 시험을 잘 봐서 원하는 것을 얻었더라도 이후에 계속 마음의 빚으로 남아서 괴로울 게 분명하니 일단 환자부터 구해놓고 그다음 일을 생각하겠습니다"라고 하는 마음의 자세를 갖춰야 한다. 이것이 인과법을 믿는 행동이고, 배운 대로 실행하는 즉 '원리 전도몽상 구경열반'을 실행해가는 길이다.

『반야심경』에서 보살은 이렇게까지 알려줬는데도 못 알아듣는 중생들을 위해 마지막 9단계에서는 무조건 외우기만 해도 괴로움에서 벗어나게 해주는 주문을 알려주고 있다.

주문은 오불번(다섯 가지 번역하지 않는 존중하는 것, 예전을 따르는 것, 많은 의미가 있는 것, 은밀하고 심오한 것, 이 나라에 없는 것) 중에 하나로 봐서 그대로 썼기에 여기에서도 그대로 따르기로 한다. 지금은 빨리어를 우리말로 직접 번역한 주문도 인터넷에 떠돌고 있으니 굳이 그 뜻을 알고 싶다면 우리말로 번역된 것을 찾아서 보면 된다.

"아제 아제 바라아제 바라승 아제 모지 사바하."

자신은 앞의 말들을 알아들어서 굳이 주문까지 외울 필요
가 없다고 생각하는 중생이 있을지 모르겠다. 그것은 삼독
심 중에 '치암', 즉 '무명'에서 벗어나지 않겠다는 몸부림에
불과하니 반드시 경계해야 일이다. '나는 아직 제대로 못
알아들었으니 주문이라도 열심히 해서 이 괴로움에서 벗
어나자'는 간절함을 갖고 주문을 외워야 한다. 그것이 괴로
움의 근원인 치암과 무명에서 벗어나는 길이고, 『반야심
경』의 한 구절이라도 온전히 받아들여 내 것으로 만들어
가는 길이다.

독서백편의자현(讀書百遍義自見)이란 말이 있다. 어떤 책
이든 백번 이상 읽다 보면 그 뜻이 저절로 드러난다는 뜻이
다. 법회가 끝날 때마다 『반야심경』을 외우는 의식도 이
런 이유에서 생긴 것으로 볼 수 있다. 따라서 『반야심경』
의 뜻을 더 자세히 알고 싶으면 법회가 끝날 때만이 아니라
일상에서 수시로 외우며 그 뜻을 새기는 것이 좋다. 간절한
마음으로 수시로 외우며 그 뜻을 새기다 보면 어느 순간에
그 뜻이 환하게 드러나는 경험을 하게 될 것이다.

epilogue

재야의 고수들을 생각하며
오직 모를 뿐! 이뭐꼬?

신라 시대에 의상대사와 더불어 한국불교계의 쌍벽을 이루는 원효대사의 이야기라고 한다. 정확한 자료에서 본 것이 아니고 전해오는 이야기로 들은 거라 출처를 밝힐 수 없음이 아쉽지만 배울 바가 많아서 그대로 옮겨본다.

대사가 말년에 보살행을 행하기 위해 신분을 숨기고 어느 절에 불목하니로 일하고 있을 때였다고 한다. 그 절에는 원효의 저술인 '대승기신론'에 능통한 스님이 젊은 스님들을 대상으로 강의를 하고 있었다고 한다.

어느 날 이 스님이 강의하던 중에 밖에서 불목하니로 일하고 있는 추레한 차림의 대사를 가리키며 이렇게 말했다고 한다.

"젊었을 때 열심히 수행하지 않으면 늙어서 저 늙은이처럼 불목하니가 될지 모르니 게으름 피우지 말고 열심히 수행을 하거라."

대사가 그 말을 듣고 어이없다는 웃음을 짓고 있는데, 그 법당 맨 뒷자리에 앉아서 강의를 듣던 노스님이 불쑥 한마디를 했다고 한다.

"원효 사상을 강의하면서 원효도 몰라보는 얼치기가 헛소리를 하고 있구나."

그 순간 원효대사는 노스님의 말을 듣고 세상에는 자신보다 더한 고수가 있다는 것을 알고 확 깨쳤다고 한다.

자신의 신분을 숨기고 불목하니로 육바라밀행을 행한 원효대사가 얻은 것은 무엇일까? 원효대사를 알아보고도 아무 말 않고 있다가 '대승기신론'의 본질을 왜곡해서 강의하는 강사스님을 깨우치기 위해 한 마디 내던진 노스님이 행하는 육바라밀행은 무엇일까? 원효사상을 강의하면서 불목하니라는 겉모습만 보고 원효를 평가절하한 강사스님은 육바라밀의 어느 경지에 머물러 있는 것일까?

숭유억불 정책으로 간신히 명맥만 유지하던 한국불교의 중흥을 일으킨 경허선사는 말년에 모든 것을 내려놓고 함경도 갑산과 강계 등지의 서당에서 훈장이 되어 아이들을 가르쳤다. 선사로서의 이름을 숨기고 머리를 기르고 유관을 쓰고 난주라는 이름으로 생활했으니 아무도 그를 큰스님이라고 알아보는 이가 없었다. 얼마든지 마음만 먹으면 신분과 지위를 앞세워 뭇 제자들의 존경을 받을 수 있는 길을 마다하신 경허선사는 재가불자인 우리가 따라야 할 보살행의 본보기가 아닐까?

경허선사의 제자인 수월선사도 스승처럼 말년에 모든 것을 내려놓고 백두산 기슭에 있는 도문시 회막동에서 3년 동안 소먹이 일꾼으로 일했고, 국경지대 산골에서 고개를 넘어 오가는 행인들에게 짚신을 삼아주는 보살행을 행하였다고 한다.

지금도 우리 주변에는 원효대사, 경허선사, 수월선사 같은 분들이 얼마든지 있다는 것을 유추하게 만드는 이야기들이다. 단지 우리가 알아보지 못할 뿐!

경허선사가 계룡산 동학사에 잠깐 들렀을 때 강주스님의 법문이 있으니 뒤를 이어서 법문을 해주셨으면 좋겠다는 청을 받았다. 앞에서 강주스님이 이런 식으로 법문을 했다.

"나무도 삐뚤어지지 않고 곧게 커야 쓸모가 있고, 그릇도 찌그러지지 아니하고 반듯한 그릇이라야 쓸모가 있는 법이니, 사람도 이와 같아서 마음이 불량하지 아니하고 바르고 정직하고 착해야 한다."

그 뒤를 이은 경허선을 했다.

"한양으로 가야 할 사람에게 한양으로 가는 길은 여러 갈래가 있으니 대중들은 이 길 저 길 다 알아두었다가 자기 근기에 맞은 길을 택함이 좋을 것이다. 삐뚤어진 나무는 삐뚤어진 나무대로 쓸모가 있고, 찌그러진 그릇은 찌그러진 대로 쓸모가 있으니, 이 세상 온갖 만물이 다 귀중하고 소중한 것이 부처님 아님이 없고 관세음보살 아님이 없다."

경허선사의 법문은 한국불교의 전통인 대승불교의 진수를 보여준다. 한양을 가려면 먼저 자신이 어디에 있는지를 알아야 한다. 한양을 중심으로 동쪽에 있는 사람은 서쪽으로, 서쪽에 있는 사람은 동쪽으로, 남쪽에 있는 사람은 북쪽으로, 북쪽에 있는 사람은 남쪽으로 가는 길을 찾아야 한다.

"부처님은 40년 넘도록 법문을 하시고 왜 한마디도 한 바가 없다고 하셨을까?"

경전을 외우고 익히며 식과 말재주는 늘어갔지만 수행이 뜻대로 안 되는 것 같아서 힘들어 할 때 스승님이 물으셨다. 그때도 식과 말재주를 내세워 자신있게 대답했다.

"나중에 사람들이 자기 식대로 들은 말을 부처님께서 하신 말씀이라며 혹세무민할까 봐 그러신 것 아닐까요?"

"뭘 그렇게 복잡하게 생각하나? 부처님을 믿는다면 정말로 아무 말씀도 하지 않으셨으니까 아무 말도 하지 않으셨다고 믿어야 하잖아? 기본적인 믿음이 부족하니 공부가 힘들 수밖에 없지."

식으로 아는 것을 내세울수록 아상(我相)만 늘어나서 수행과 멀어진다는 따끔한 경책이었다.

책을 기획하고 집필할 때만 해도 아는 만큼 전화자는 원력으로 누군가에게 불쏘시개 같은 역할은 하지 않을까 하는 마음을 앞세운 것이 사실이다. 하지만 막상 책으로 발간한다고 생각하니 두려움이 앞선다. 식으로 아는 것만 내세우면 수행과 멀어진다는 스승님의 경책도 생생하고, 원효대사와 노스님, 경허선사와 수월선사처럼 지금도 우리 주변에서 남몰래 보살행을 하고 있을 분들을 생각하면 더욱 몸둘 바를 모를 지경이다. 그럼에도 불구하고 곧은 나무는 곧은 대로, 굽은 나무는 굽은 대로 쓸모가 있다는 말씀에 힘을 얻어 용기를 내본다. 모쪼록 인연 있는 이들이 이 책을 통해 마음공부에 조금이라도 도움을 얻었으면 하는 바람을 담아본다.

부처님은 40년 넘도록 법문을 하시고 왜 한마디도 한 바가 없다고 하셨을까? 그 이유가 무엇인가? 이 무엇인가? 이뭐꼬?

오로지 참구할 뿐이다. 수행의 자리에 들어설 뿐이다.

오직 모를 뿐!

이뭐꼬? 이뭐꼬? 이뭐꼬?

나무 아미타불 관세음보살
나무 마하반야바라밀